10 Lições sobre
GOFFMAN

Dados Internacionais de Catalogação na Publicação (CIP)
(Câmara Brasileira do Livro, SP, Brasil)

Martino, Luís Mauro Sá
  10 lições sobre Goffman / Luís Mauro Sá Martino. –
Petrópolis, RJ : Vozes, 2021. – (Coleção 10 Lições)

  ISBN 978-65-5713-238-8

  1. Comunicação na ciência 2. Goffman, Erving,
1922-1982 3. Relações sociais 4. Sociologia I. Título.
II. Série.

21-70455   CDD-301

Índices para catálogo sistemático:
1. Sociologia   301

Maria Alice Ferreira – Bibliotecária – CRB-8/7964

Luís Mauro Sá Martino

10 Lições sobre
GOFFMAN

EDITORA
VOZES

Petrópolis

© 2021, Editora Vozes Ltda.
Rua Frei Luís, 100
25689-900 Petrópolis, RJ
www.vozes.com.br
Brasil

Todos os direitos reservados. Nenhuma parte desta obra poderá ser reproduzida ou transmitida por qualquer forma e/ou quaisquer meios (eletrônico ou mecânico, incluindo fotocópia e gravação) ou arquivada em qualquer sistema ou banco de dados sem permissão escrita da editora.

CONSELHO EDITORIAL

Diretor
Gilberto Gonçalves Garcia

Editores
Aline dos Santos Carneiro
Edrian Josué Pasini
Marilac Loraine Oleniki
Welder Lancieri Marchini

Conselheiros
Francisco Morás
Ludovico Garmus
Teobaldo Heidemann
Volney J. Berkenbrock

Secretário executivo
João Batista Kreuch

Diagramação: Sheilandre Desenv. Gráfico
Revisão gráfica: Anna Carolina Guimarães
Capa: Editora Vozes
Ilustração de capa: Studio Graph-it

ISBN 978-65-5713-238-8

Editado conforme o novo acordo ortográfico.

Este livro foi composto e impresso pela Editora Vozes Ltda.

Aos meus pais, Vera Lúcia e Antonio Carlos,

À Anna Carolina e nosso filho Lucas,

Porque mesmo nas horas estranhas de um tempo sombrio, vocês estavam lá, então, havia alguma luz.

Sumário

Introdução, 9

Primeira lição – Vida: ser um *outsider*, mas do lado de dentro, 17

Segunda lição – As interações sociais e a dramaturgia do cotidiano, 31

Terceira lição – Rituais e interações na sociedade, 48

Quarta lição – Estigma, o preço de ser diferente, 66

Quinta lição – Instituições totais e o controle do indivíduo, 82

Sexta lição – Enquadramento: o que é a realidade?, 97

Sétima lição – Símbolos, atitudes e posição social, 115

Oitava lição – Olhando para a mídia: dos movimentos do corpo às redes digitais, 133

Nona lição – Os métodos de Goffman: como olhar a realidade em escala micro, 151

Décima lição – A ordem da interação e a ordem social: a herança teórica, 168

E, antes de vocês irem..., 183

Leituras sugeridas por capítulo, 185

Obras de Goffman, 191

Referências, 195

Introdução

Você já tropeçou na rua e ficou em dúvida sobre qual era o maior incômodo, a queda ou os outros olhando? Ficou perdido ao chegar em um lugar e não saber como agir porque não conhecia ninguém? Ou porque conhecia todo mundo e não sabia a ordem para cumprimentar? Usou toda a força do pensamento para o passageiro ao seu lado no ônibus não puxar conversa? E ficou sem saber como responder quando ela começou a falar? Perdeu noites de sono calculando se a pessoa estava mesmo interessada ou se era só outra autoilusão? Sentiu toda a humilhação do mundo em um único olhar? Ou o orgulho da vida em uma expressão de aprovação?

Se você já viu ou viveu essas situações, se a realidade para você é um enigma a ser decifrado, vai entender porque o sociólogo canadense Erving Goffman é importante: ele ajuda a ler, nas interações do cotidiano, as grandes questões da sociedade.

O olhar para o detalhe

Goffman inaugurou uma nova área de estudos nas Ciências Sociais. Enquanto a maior parte de seus colegas estudava grandes temas, como economia ou política, ele voltou seu olhar para o cotidiano. Com isso, criou uma perspectiva original de análise, a "microssociologia". Ao observar atitudes aparentemente insignificantes, como a troca de olhares em um ônibus, o comportamento em uma fila ou as gafes, Goffman mostrou como os detalhes do dia a dia revelam as regras e as normas implícitas de uma sociedade.

Essa perspectiva foi muito bem recebida.

Seus livros ultrapassaram as paredes da universidade e se tornaram sucesso de público. E não só nos Estados Unidos, onde desenvolveu sua carreira: no Brasil, seus livros são publicados desde os anos 1970. Esse prestígio se espelha no meio acadêmico: no *Google Scholar*, Goffman é o terceiro sociólogo mais citado do mundo, atrás de Pierre Bourdieu e Karl Marx. Bourdieu, aliás, introduziu a obra de Goffman na França, na prestigiada coleção *Le Sens Commun*, das Éditions du Minuit.

A proposta do livro

Falar de "dez lições" não é uma imagem literária: o livro nasceu na sala de aula e traz as marcas dessa origem. Os conceitos de Goffman são ilustrados com situações do cotidiano, interações nas mídias digitais e redes sociais, além de exemplos de filmes e séries de TV. O texto traz, também, questões ouvidas ao longo dos anos, nas aulas sobre Goffman – perguntas movimentam o pensamento e ajudam a esclarecer aspectos relevantes. Só posso agradecer às alunas e aos alunos por essa contribuição.

O objetivo de *10 Lições sobre Goffman* é colocar suas ideias em diálogo com o mundo atual, trazendo uma leitura didática e contemporânea de sua obra. Escrevendo entre os anos 1950-1980, Goffman analisou um mundo, em boa medida, diferente do nosso – mas igualmente complexo e desafiador. Sua contribuição ajuda a entender melhor situações presentes ainda hoje nas relações sociais.

Pelo formato da coleção, a ideia é *apresentar* Goffman, não fazer um estudo aprofundado de sua obra. A visão é panorâmica, e algumas nuances certamente vão se perder. Há poucas comparações ou aproximações com autoras e autores, exceto quando diretamente ligados à Goffman. Isso não significa, evidentemente, uma apresentação "neutra": trata-se de *uma* leitura entre outras possíveis.

Nas citações, não foram utilizadas as normas-padrão de trabalhos acadêmicos, buscando uma leitura mais direta. As obras consultadas são indicadas ao longo de cada trecho, e qualquer erro ou omissão será corrigido o mais rápido possível. Para manter o ritmo da leitura, procurei não ficar mencionando o tempo todo "segundo Goffman…" ou "na visão de Goffman…". Ao longo de todo o livro, salvo indicação em contrário, o trabalho é com as ideias de Goffman.

A preferência foi, quando possível, ir diretamente aos textos do autor, trazendo comentaristas e críticos apenas em momentos específicos. Não por falta de bons estudos: ao contrário, há uma crescente e bem estabelecida produção a seu respeito e um mapeamento, mesmo simples, exigiria um livro muito maior do que estas *10 lições*.

Organização do livro

Os capítulos estão organizados como uma sequência de aulas, acompanhando mais ou menos o desenvolvimento de um curso. Cada um segue parcialmente uma obra, abrindo para temas mais amplos do meio para o final. A ideia não é minha: usei como modelo o livro de Robert Stam sobre Mikhail Bakhtin, *Bakhtin – Da teoria literária à cultura de massa*, publicado pela Ática em 2000.

Ao final do livro, há indicações de leitura, como faria em sala de aula. São visões diferentes sobre o assunto, às vezes até críticas em relação às concepções de Goffman. A abertura para outras leituras pode começar por aí.

Os livros de Goffman com tradução em português são citados pelos títulos adotados no Brasil; para os trabalhos ainda não traduzidos, mantive o nome original em inglês.

Um detalhe: escrever sobre uma autora ou autor não significa endossar todos os pontos de vista de sua obra, sua vida pessoal ou maneira de ser. Trata-se de lançar um olhar atento e crítico, reconhecendo suas contribuições assim como seus limites. E, sem dúvida, seu lugar entre os principais autores e autoras das Ciências Sociais.

Livrarias de origem

Esta história começa em uma livraria. Uma não, várias: desde 1995, quando entrei no curso de Comunicação Social na Faculdade Cásper

Líbero, começei a notar suas obras, quase sempre nas prateleiras de Sociologia, mas também em Filosofia ou Psicologia. Raramente em Comunicação, para onde meu olhar de estudante se dirigia. Conhecia seu trabalho pelas menções feitas por Bourdieu, um dos meus autores preferidos na época, e estudar o social em escala micro parecia interessante – ecos dessa leitura certamente estão neste livro.

Um dia, sem nenhuma razão especial, chegou a hora de ler Goffman.

Se fosse um roteiro de ficção, seria uma cena com música épica e um raio de luz sobre o livro na estante. Mas não foi assim. A leitura de Goffman foi lenta, com diversos intervalos. Nada de revelação: na época, pareceu um bom complemento à Bourdieu, mas para aprofundar mais tarde.

Em 2008, outra livraria: J. R. & R. R. Ellis, Rua St. Giles, 53, Norwich, Inglaterra. No tempo livre como pesquisador na Universidade de East Anglia, naquele ano, um passeio era explorar as livrarias do lugar – uma cidade medieval com uma catedral, um castelo, igrejas góticas e centenas de *pubs*. A livraria de Mr. Ellis era parada obrigatória, e, em uma das visitas, encontrei *Frame Analysis* (traduzido mais tarde como *Os quadros da experiência social*). Nesse momento, descobri outro Goffman, próximo da comunicação – na época, estava escrevendo o livro *Teoria da Comunicação*, e sua perspectiva do "Efeito de Enquadramento" foi imediatamente incluída.

Nos anos seguintes, passei a um estudo sistemático de sua obra, incluindo-a em cursos e disciplinas. Isso trouxe uma nova visão sobre Goffman, despertada também pela leitura feita por alunas e alunos.

O resultado dessas aulas são estas *10 Lições*.

Agradecimentos em tempos singulares

A primeira versão do livro foi escrita entre o Natal e o Ano-Novo de 2020, ano dos mais complicados na história do planeta. Por isso, os agradecimentos são ainda maiores.

Aos alunos, pelas trocas em sala de aula. Se o conhecimento só acontece no diálogo, a interação com vocês é fundamental para aprender. Vocês talvez não imaginem a importância de cada comentário ou pergunta, ao longo das aulas e cursos, para levar o pensamento a estradas desconhecidas.

Às amigas e aos amigos de várias faculdades, universidades e grupos de pesquisa, pelo ambiente de troca e diálogo. Não poderia nomear todas e todos devido ao espaço, e, para não deixar alguém de fora, é preferível um agradecimento geral.

Na Editora Vozes, à Aline Santos Carneiro, pela acolhida ao livro quando era apenas um projeto. E também Theobaldo, pelo estímulo a este e outros projetos, Natália França, na parte de mídia, e Anderson Rosário, na atividade de promoção.

Aos meus pais, Vera Lúcia e Antonio Carlos, por mostrarem desde sempre o valor do conhecimento, em qualquer tempo.

À Anna Carolina, por estar sempre lá, pela primeira leitura e sugestões feitas.

E ao Lucas, nosso filho, porque você deixa o mundo com cores mais intensas.

São Paulo, janeiro de 2021

Primeira lição

Vida: ser um *outsider*, mas do lado de dentro

> Não sou idêntica a mim mesmo
> Sou e não sou ao mesmo
> tempo, no mesmo lugar e sob
> o mesmo ponto de vista
> Não sou divina, não tenho causa
> Não tenho razão de ser nem
> finalidade própria
> Sou a própria lógica circundante
>
> Ana Cristina César, *Inéditos e Dispersos*, p. 59

Biografias de professores não costumam ser muito emocionantes. Raramente, há frases como "então, pulei de paraquedas de um caça em chamas e...". Na maioria das vezes, as aventuras estão ligadas à sua formação, aos caminhos nas universidades e centros de pesquisa e suas publicações. Acompanhar esse desenvolvimento pode ser intelectualmente estimulante, mas poucos momentos renderiam um filme de ação.

Não que não existam exceções. Dependendo da época, vidas de professoras e professores podem ser tremendamente agitadas. Sócrates e Wittgenstein foram soldados (Sócrates combateu os persas, Wittgenstein foi do exército austríaco na Primeira Guerra), Hannah Arendt escapou por pouco da perseguição nazista, Santo Agostinho estava na cidade quando os Vândalos atacaram Hipona, Hildegard von Bingen alternava seus escritos filosóficos com conselhos a papas e imperadores, em plena Idade Média, Angela Davis teve uma atuação fundamental na conquista de direitos políticos e foi perseguida por isso.

A vida de Goffman parece se encaixar, com toda a tranquilidade, no primeiro tipo, mas não a impediu de ter movimentos muito interessantes. Extremamente reservado, não deixou nenhum escrito autobiográfico, era avesso a fotografias e entrevistas e raramente falava de sua vida pessoal. Existem, em seus escritos, pistas esparsas. Só podemos imaginar sua opinião sobre nossa época, com suas milhares de *selfies* e postagens em redes sociais, compartilhando atividades e contando o tempo todo o que estamos fazendo.

Seu retrato é formado, sobretudo, a partir de depoimentos e memórias de pessoas de colegas e estudantes, além de uma crescente documentação *on-line*. O sociólogo interessado em conhecer os detalhes das microinterações cotidianas deixava sua vida pessoal fora ao alcance (talvez exatamente por conhecer o assunto).

O objetivo aqui não é trazer uma biografia de Goffman, mas apresentar alguns dados e episódios de sua vida para contextualizar seu trabalho. As pesquisas acadêmicas, como todo discurso, não podem ser separadas de suas condições sociais e históricas de produção. Conhecer um pouco sobre seu autor e o contexto pode ajudar a compreender alguns de seus desenvolvimentos.

Goffman viu em primeira mão alguns dos principais eventos da História recente.

Quando nasceu, em 1922, a Primeira Guerra Mundial havia terminado há menos de quatro anos. Os Estados Unidos despontavam como potência mundial enquanto os impérios europeus entravam em colapso. Os regimes totalitários, como o nazismo e o fascismo, davam seus primeiros passsos, que em pouco mais de quinze anos resultariam na Segunda Guerra. O cinema era mudo e em preto e branco, os jornais eram o principal meio de comunicação, e o rádio começava a se tornar popular.

Em 1982, ano de sua morte, a televisão era a mídia dominante e um fluxo de comunicação via satélite cobria todo o planeta – a Apolo 11 havia pousado na Lua em 1969. As lutas e manifestações dos anos 1960 trouxeram novos direitos para vários grupos sociais. Os primeiros computadores pessoais já estavam sendo fabricados, e as redes que dariam origem à Internet já existiam. A Guerra Fria entre Estados Unidos e União Soviética não dava sinais de que iria acabar tão cedo, o mundo estava polarizado e a ameaça de uma guerra nuclear era real.

Não é possível dizer como cada um desses eventos repercutiu na vida de Goffman mas, atento aos pequenos detalhes do cotidiano, deve ter notado as grandes transformações de sua época.

As fontes principais deste capítulo são o livro de Yves Winkin e Wendy Leeds-Hurwitz, *Erving Goffman: a critical introduction to media and communication theory* e os trabalhos solos de Winkin, principalmente *A Nova Comunicação* e a introdução à sua coletânea de textos de Goffman, *Os momentos e seus homens*. Outras fontes são os depoimentos de colegas e alunos no *Erving Goffman Archive*, provavelmente o maior repositório *on-line* de informações a seu respeito, mantida pelo professor Dmitri N. Shalin, da Universidade de Nevada, e um número especial de 2014 da revista *Symbolic Interaction* – a lista completa está nas referências.

Editando filmes em Ottawa

Erving Manual Goffman nasceu no dia 11 de junho de 1922, em Mannville, Alberta, oeste do Canadá. Seus pais, Max e Anna, eram de famílias judias ucranianas chegadas à região na virada do século 20, fugindo da perseguição russa – na época, a Ucrânia era parte do Império Russo. Uma irmã mais velha, Frances (1919-2011), completava o quadro. Quando Erving ainda era criança, a família se mudou para a cidade de Dauphin, Manitoba, e logo mais tarde, em 1937, para Winnipeg, capital do estado, onde o comércio de tecidos do pai tinha mais chance de prosperar. Lá, Goffman terminou o equivalente ao ensino médio e, em 1939, matriculou-se na Universidade de Manitoba.

No curso de Química.

No entanto, logo se mudou para Ottawa, capital do país, para trabalhar no *National Film Board of Canada*, agência governamental responsável pela criação e distribuição de filmes, atuando na parte de montagem, corte e edição. O trabalho com quadros e fotogramas pode encontrar um eco longínquo em sua análise dos enquadramentos da realidade no livro *Os quadros da experiência social*, publicado mais de trinta anos depois – ou talvez seja só coincidência, porque biografias nem sempre são lineares e conectadas. A experiência parece ter sido importante também por outro motivo: nessa época, ele conheceu Dennis Wrong, responsável por despertar seu interesse pela Sociologia – campo, aliás, no qual também viria a se destacar.

O curso de Química nunca mais foi retomado.

O caminho até Chicago

A troca não foi apenas de curso: Goffman se matriculou no curso de Ciências Sociais na Universidade de Toronto. Alguns dos professores de lá teriam profunda influência em seu trabalho. Eram, em sua maioria, da segunda ou terceira geração de pesquisadores dedicados ao estudo das sociedades – a Antropologia e a Sociologia ainda não haviam completado seu primeiro centenário, e nomes hoje considerados clássicos estavam a apenas vinte anos de distância.

Alguns dos fundadores das Ciências Sociais haviam deixado suas marcas, enquanto outros ainda estavam sendo descobertos. Yves Winkin, em seus trabalhos biográficos, menciona a surpresa de Goffman ao estudar a obra do sociólogo francês Émile Durkheim. Seus livros ainda não estavam traduzidos para o inglês, mas se tornariam uma das influências mais duradouras na obra de Goffman.

E havia outros.

Ray Birdwhistell tinha 26 anos quando começou a lecionar em Toronto e Goffman, quatro anos mais jovem, foi seu aluno. Birdwhistell, em suas aulas, chamava a atenção para a importância dos movimentos e gestos do corpo na comunicação. Em seus estudos, mostrava que não havia nada de natural ou espontâneo nisso: a linguagem corporal, assim como a verbal, tinha profundas raízes culturais.

O antropólogo Charles William M. Hart foi outro professor importante na formação de Goffman, tendo desenvolvido um longo trabalho etnográfico na Austrália. Na mentalidade daquele momento, a ideia de "antropologia" estava diretamente ligada ao estudo de povos e lugares considerados "distantes", e uma pesquisa nessa área quase invariavelmente significava ir para "longe" – "longe" da Europa Ocidental e dos Estados Unidos, no caso.

Suas leituras também incluíam a obra de Sigmund Freud, criador da Psicanálise, e do filósofo e sociólogo alemão Georg Simmel. Essa herança foi combinada em uma maneira muito particular de olhar para a vida cotidiana: buscando detalhes, mas deixando uma concepção de ser humano sempre no horizonte.

Goffman se graduou em 1945, e foi para a Universidade de Chicago. Lá ele completaria seus anos de estudante – e começaria sua jornada como um dos autores mais influentes da Sociologia.

As contribuições de Chicago

A Universidade de Chicago parece ter sido decisiva na formação de Goffman. Centro pioneiro no estudo da Antropologia Urbana e da Sociologia, foi lugar de pesquisa de toda uma geração de pesquisadores interessados nos fenômenos urbanos, sobretudo as transformações pelas quais a cidade vinha passando desde os movimentos migratórios europeus no final do século 19. Lá Goffman fez seu mestrado e doutorado sob orientação de William Lloyd Warner, sociólogo e antropólogo norte-americano.

No entanto, um dos pontos altos desse período foi do outro lado do Atlântico.

Ilhas Shetland, Escócia, 1949

O pequeno povoado de Unst fica a 650 quilômetros ao norte de Edinburgo, capital da Escócia, na última ilha do arquipélago das Shetlands. O caminho saindo de Inverness, cidade ao norte da região, inclui diversas travessias de balsa em uma jornada de várias horas. Quando Goffman chegou lá, em dezembro de 1949, o lugar era uma vila de pescadores. Seu objetivo era reunir dados para seu doutorado, e, para isso, decidiu fazer uma imersão completa na vida do lugar. Durante mais de um ano, acompanhou os moradores, tanto no trabalho quanto em momentos de lazer e eventos sociais. Morou, durante um período, em um hotel da cidade, comprando em seguida uma pequena casa ali perto – mas continuou frequentando o hotel para fazer suas refeições.

O período passado nas Shetlands parece ter sido decisivo para a formação do estilo de pesquisa e do olhar sociológico de Goffman. Alguns de seus principais temas apareciam naquele momento, como a importância das interações cotidianas e as mudanças de atitude em cada uma delas. O resultado foi sua tese de doutorado, intitulada *Communication and Conduct in an Island Community*, defendida em 1953. Os anos de formação estavam concluídos.

Classe, posição social e identidade

Seu primeiro trabalho publicado, no entanto, não foi sobre essa experiência. O artigo "Symbols of class and status", publicado no

British Journal of Sociology, tratava da maneira como aprendemos a ver os símbolos de poder e distinção relacionado ao lugar ocupado por alguém na sociedade – e mostrar os nossos.

Talvez a escolha desse tema esteja relacionada, como sugerem Yves Winkin e Wendy Leeds-Hurwitz, a alguns aspectos de sua vida pessoal. Em Chicago, Goffman começou um relacionamento com Angelica Schyler Coates, com quem viria a se casar em 1952. Angelica, também estudante da Universidade de Chicago e autora de uma dissertação sobre os comportamentos das mulheres de classe alta da cidade, vinha de uma família muito bem situada economicamente, e as diferenças podem ter chamado a atenção do jovem pesquisador.

Seu primeiro livro publicado foi também seu maior sucesso: *A representação do eu na vida cotidiana*, em 1956. O trabalho combinava resultados de sua pesquisa nas Shetlands com outros trabalhos na Universidade de Chicago, e se provou uma de suas obras mais influentes não apenas pela temática, mas também pelo estilo de texto, fluente para um trabalho acadêmico.

Seu trabalho seguinte foi no Instituto Nacional de Saúde Mental, onde teve a oportunidade de realizar sua segunda longa pesquisa de campo, agora com pacientes do Hospital Santa Elizabeth, em Washington. A experiência rendeu seu segundo livro, *Manicômios, Prisões e Conventos*, em 1961, outro sucesso de público. Nos anos seguintes, a obra se tornaria um marco na luta antimanicomial.

Livros e Universidades

A partir daí, a carreira de Goffman entra na sequência relativamente comum da vida universitária, combinando atividades de pesquisa e ensino com a publicação de livros e artigos. Em 1958, torna-se professor na Universidade da Califórnia, em Berkeley, e dez anos depois se transfere para a Universidade da Pennsylvania, na Filadélfia. Alguns poucos detalhes de sua vida pessoal emergem nessa época. Sua primeira esposa, Angelica, havia falecido em 1964 – o filho deles, Thomas, tinha nascido em 1953. Goffman se casou novamente em 1981, com a linguista Gillian Sankof, com quem teve a filha Alice.

Curiosamente, na Universidade da Pennsylvania, ele lecionava no departamento de Antropologia: o reconhecimento de Goffman como sociólogo parecia ainda ser questionado, sobretudo pelo caráter pouco ortodoxo de sua obra, tanto em relação aos temas quanto na escrita. Esse ponto ambivalente é sintomático de sua carreira. Ele não parece ter se integrado de maneira completa na comunidade acadêmica, permanecendo sempre um pouco distante de seus colegas – por exemplo, preferia trabalhar de casa, ou no Museu da Universidade da Pennsylvania, em vez de ocupar sua sala na universidade.

Lecionar, de acordo com alguns comentários, também não era sua atividade favorita. Os depoimentos no *Erving Goffman Archive* mostram pontos de vista diferentes a respeito de sua atuação como professor e orientador – embora sempre destacando sua atenção aos detalhes. Ele preferia se dedicar à pesquisa, sobretudo no trabalho de campo: durante anos, visitou os cassinos de Los Angeles, e chegou a exercer uma pequena atividade em um deles, como parte de uma pesquisa sobre as interações em ambientes de diversão – e também porque era um grande fã de jogos.

Nunca chegou a publicar um trabalho específico sobre o tema, mas essas e outras atividades de pesquisa se desdobravam em uma sequência de livros: *Encontros, dois estudos em sociologia da interação* (1961), *Comportamento em lugares públicos* (1963), *Estigma: notas sobre a manipulação da identidade danificada* (1963), *Ritual de Interação* (1967), *Interação estratégica* (1969), *Relações em Público* (1971), *Os quadros da experiência cotidiana*

(1974), *Propaganda de Gênero* (1979) e *Modos de Falar* (1981).

Além de ter recebido prêmios e distinções por suas obras, Goffman foi eleito, em 1981, presidente da Associação Norte-Americana de Sociologia, um dos postos de maior prestígio nas Ciências Sociais nos Estados Unidos. No entanto, não teve tempo de assumir o cargo, e sua palestra inicial, intitulada *A ordem da interação*, foi transformada em um artigo: Goffman faleceu em 19 de novembro de 1982.

No Brasil

Em 1978, Goffman esteve no Rio de Janeiro participando do I Simpósio Internacional de Psicanálise, Grupos e Interações, junto com seu colega Howard Becker e o antropólogo brasileiro Gilberto Velho – narrador de um episódio sintomático: quando uma estudante tirou um retrato de Goffman durante sua palestra, ele imediatamente interrompeu a fala e teria ido embora não fosse a intervenção de Becker. No final, retomou a exposição e tudo terminou normalmente.

Também, em pelo menos uma ocasião, recebeu um estudante brasileiro. José Carlos Malufe, em *A retórica da ciência* (p. 16), conta sua experiência ao encontrar encontrar Goffman, em 1981. E podemos terminar com sua impressão:

> Guardo de Goffman a imagem de um ser humano muito sofrido, para quem a piedade se sobrepunha a qualquer outra paixão. Quando evoco sua imagem, vejo-o dando atenção a todas as coisas pequenas, qualquer detalhe minúsculo que ninguém esperaria de nenhum tipo de monstro sagrado: a modéstia de cada frase da carta, a aflição na hora de atender o telefone, a curiosidade na primeira visita, a preparação do jantar, os conselhos na despedida e a certeza de que ele não valia todo o esforço que eu tinha feito para chegar até lá.

Vidas de professores talvez não tenham muitos lances de ação. Mas podem deixar boas lembranças em muitas gerações.

Segunda lição

As interações sociais e a dramaturgia do cotidiano

> O mundo é um palco; os homens e as mulheres, meros artistas, que entram nele e saem. Muitos papéis, cada um no seu tempo.
>
> William Shakespeare, *Como gostais*, p. 318.

Imagine um desses imensos prédios comerciais, típicos do centro de qualquer grande cidade. Você toma o elevador no térreo, e, por sorte, é a única pessoa. Depois de dois andares ele para, a porta abre e entra uma pessoa. Isso muda tudo: de repente, aquela tranquila e solitária viagem de elevador se transforma em uma das mais interessantes experiências de um ser humano: você está, a partir de agora, em uma situação de interação social.

Diante do outro, você tem alguns décimos de segundo para tomar uma série de decisões a

31

respeito sobre os próximos passos. Não há tempo de perguntar nada. Todas as informações precisam ser coletadas exclusivamente a partir da aparência da pessoa.

A primeira ação é uma varredura visual mútua em busca de pistas para ter o mínimo de informações a respeito de cada um. Quando nos certificamos de não haver nenhum problema ou ameaça, podemos iniciar uma breve interação. O teor depende da resposta a uma série de perguntas formulada mentalmente:

Você pode, claro, dizer "ah, eu não me importo tanto, apenas cumprimento e pronto". Mas raramente conseguimos deixar de lado a presença dos outros.

Na prática, não percebemos todos esses cálculos, perguntas e respostas. Ficamos felizes de encontrar uma amiga, surpresos de ver alguém ou simplesmente mantemos polidez diante de um estranho – em geral, um "bom dia" em voz baixa é o suficiente. O restante do tempo olhamos o painel do elevador, conferindo atentamente se estamos indo para onde deveríamos, ou para o *smartphone*. Qualquer coisa para evitar o prolongamento de um contato devido ao fato de estarmos no mesmo lugar.

A simples presença da outra pessoa é o suficiente para iniciar uma série de alterações em nossa maneira de agir. Você está *visível*, e, portanto, suas ações não estão exclusivamente restritas às suas escolhas: na presença de outra pessoa, é necessário prestar atenção às regras e normas sociais – sozinhos, talvez elas pudessem ser ignoradas. Não precisa ser nada sério: sozinho no elevador, você pode cantar trechos de sua canção favorita, mas se entra alguém espera-se silêncio de ambos

Poucas situações são mais paradoxais: estamos próximos, mas não há interação possível além de um limite mínimo de civilidade e cortesia. Qualquer outra informação é deslocada – quando acontece, o resultado é um certo estranhamento.

O gerenciamento de impressões

Isso acontece porque, na presença de outra pessoa, avaliamos e somos avaliados em relação aos padrões sociais dentro de nós, aprendidos desde a infância. Percebemos a impressão causada nela, assim como ela causa em nós. Mais ainda, *interpretamos* essas impressões de acordo com nosso repertório, adquirido ao longo de nossa trajetória social. Na prática, *ver* é classificar. Sabendo disso, procuramos controlar a situação para conseguirmos a melhor classificação possível.

Em linhas gerais, essa é a noção do *gerenciamento de impressões*, ponto fundamental do pensamento de Goffman. Expresso pela primeira vez em *A representação do eu na vida cotidiana*, de 1959, o assunto vai reaparecer, de outras maneiras, em várias obras posteriores.

Diante de outras pessoas, temos uma tendência a gerenciar as impressões para criar a melhor imagem possível – e evitar qualquer representação negativa a nosso respeito.

A expressão "eu não ligo para o que os outros pensam" pode ser uma afirmação de independência, mas, na prática, é muito difícil não levar em conta a opinião de ninguém – afinal, definimos uma parte de nossa imagem a partir disso.

A princípio, nem todas as opiniões parecem igualmente importantes para nós. O comentário de uma pessoa próxima é significativo, enquanto podemos ignorar a ideia de um anônimo a nosso respeito – ou imaginamos pensar assim.

Goffman propõe um ponto de vista diferente. A opinião dos outros, mesmo de um desconhecido, pode ser relevante para nós. Não por se tratar da visão particular daquela pessoa, mas por ser uma amostra dos padrões de julgamento da sociedade. Por isso, mesmo o olhar de um estranho na rua é suficiente para indicar a impressão causada por nós – e isso pode significar reconhecimento e prestígio, de um lado, ou embaraço e vergonha, de outro.

O trabalho de face

Para Goffman, essa imagem de mim mesmo elaborada para apresentar em público é a "face" (*face*) escolhida para ser mostrada. É, a rigor, o melhor a oferecer em cada situação, o *best of myself* definido antes de sair de casa. "Face", aqui, não se refere ao "rosto", embora os termos estejam relacionados. A ideia é próxima da noção da "fachada" de um prédio: é a parte mais exposta, sempre em exibição, à vista de todos. Por isso mesmo, o trabalho de preservação da fachada, isto é, a manutenção da melhor imagem possível, é central na interação com os outros.

Quando, por alguma razão, essa imagem é atingida, há uma "perda da face", como Goffman denomina. Na língua portuguesa, a expressão "ficou com a cara no chão" indica esse incômodo diante da revelação de algo negativo.

A manutenção da face é um processo constante, desenvolvido sobretudo diante de quem, por alguma razão, precisamos manter determinada imagem. O sentimento de embaraço, por exemplo, é típico da "perda da face" – embora possa ser também o inverso, quando a perda revela uma imagem inesperada, mas positiva.

A preservação da fachada

Gostaria de retomar uma pergunta do início do livro: você já tropeçou e caiu na rua? Eu já. Mais de uma vez. A mais recente foi tempos atrás, no Largo de São Francisco, no centro histórico de São Paulo. E não foi uma queda qualquer: preciso dizer, foi espetacular. Tropecei em alguma coisa, girei, foi mochila para um lado, casaco para outro, óculos voaram para longe. Épico.

Esse tipo de acontecimento imediatamente dá início a uma curiosa sequência de ações a serem olhadas em detalhe.

Primeiro, em termos pessoais, a surpresa de ter caído. Um segundo depois de verificar se está tudo no lugar em termos físicos, vem o embaraço por ter tropeçado na rua. A perda da face: como alguém tropeça?

Começa, então, a busca pelo culpado – uma pedra, buraco, casca de banana, armadilha colocada por alienígenas, qualquer coisa. Encontrar um motivo seria ótimo para a *restauração da face*: eu não caí, isto *me derrubou*. O sentimento de embaraço seria substituído pelo de triunfo, junto com um leve desejo de acertar as contas com o objeto – me aguarde, pedra, você não perde por esperar, marque minhas palavras.

Não havendo culpado, não há como remediar a perda da face, e resta assumir: você tropeçou no nada e caiu.

Ao mesmo tempo, outras ações se desenrolam à sua volta. A atitude das pessoas frente ao inesperado às vezes começa com uma confirmação verbal da evidência visual ("você caiu?"), acompanhado de preocupação ("se machucou?").

A partir daí as ações se ramificam, desde o auxílio para levantar até, conforme a pessoa, um exame crítico do fato ("essas calçadas, olha como estão!").

Em uma última tentativa de preservação de face, ou pelo menos para amenizar sua perda, podemos fazer uma autopiada ("ah, tropecei, sou desastrado mesmo"). Essa ação é estratégica: ao rir de si mesmo, você previne e desarma um possível comentário irônico ou negativos do outros. Isso, no entanto, tem um preço: o reconhecimento público de uma característica negativa e a autodepreciação.

Isso se manifesta, em alguns casos, pelo sentido contrário: quando *não prestam* atenção em você.

Consideração e desatenção polida

Momentos de falta de atenção não significam necessariamente desrespeito em relação à pessoa com quem interagimos. Em algumas situações, paradoxalmente, isso pode expressar sua *consideração* pela outra pessoa: trata-se da *preservação de face* – no caso, a de outro indivíduo.

Quando você, por exemplo, aparenta não notar uma característica considerada negativa em termos sociais, está praticando essa *desatenção polida*; está vendo e notando, mas *escolhe* deixar esse ponto fora do foco da interação. A questão torna-se irrelevante naquele momento, diminuindo a sensação de embaraço – por exemplo, ignorar polidamente uma mancha na roupa de outra pessoa.

Em alguns casos, todo o grupo finge não ver alguma coisa.

Anos atrás, no dia de apresentar um seminário na Universidade de East Anglia, inventei de experimentar uma manobra nova de bicicleta no caminho de casa até o campus. Teria sido um sucesso, não fosse o fato de ter nevado na noite anterior. A bicicleta derrapou e caí sobre um monte de neve. Como aprendi naquele momento, neve é água, bem diferente da imagem fofinha dos filmes.

Minha roupa estava molhada, com marcas de folhas e terra.

O seminário começava em dez minutos.

Ao chegar na sala, todos os olhares vieram automaticamente na minha direção em uma sequência quase cinematográfica – as pessoas olhavam, em primeiro lugar, para a roupa; ao perceberem que estava manchada e isso seria causa de constrangimento, polidamente levantavam os olhos até meu rosto. Tudo isso em menos de dois segundos.

O organizador me apresentou (*This is Lewis, from Brazil...*) e a apresentação começou. Nenhuma palavra, apenas olhares de curiosidade, reduzidos apenas quando expliquei a situação. De certa maneira, nesse momento *autorizei* o olhar e, por isso, foi possível seguir em frente.

Escolhendo a persona: a dramaturgia do cotidiano

O motivo de tanta preocupação com a presença dos outros, na verdade, se deve a um fator principal: nossa identidade é *relacional*. Nosso "eu" é criado a partir das interações com os outros nas mais diferentes situações. Em cada momento, uma *parte* de nossa identidade é colocada em contato com as outras pessoas.

Nossa identidade é constituída de fragmentos, pedaços a serem reunidos sem nunca encontrarmos todas as peças – quase como um quebra-cabeças, mas sem nenhuma foto na embalagem para mostrar qual é figura temos de montar. Os caminhos do eu não dependem apenas de nossas escolhas, mas também das situações onde estamos e das interações em cada uma delas.

Podemos perceber isso, no cotidiano, pensando na imagem das pessoas a nosso respeito, criadas de acordo com a situação.

Para sua orientadora, na universidade, você é uma pesquisadora. Para seu namorado, você é a principal relação afetiva, enquanto no metrô você é mais uma passageira. Seus pais enxergam como "filha", seus avós como "neta". No trabalho você é uma funcionária, responsável por certas atividades, ocupando um lugar na hierarquia, enquanto para sua amigas você é aquela em quem se pode confiar.

Cada uma dessas pessoas tem uma representação diferente de você, vendo qualidades e defeitos despercebidos em outras situações – seu namorado não está interessado em sua competência profissional, a prioridade de sua orientadora não é saber se você é uma amiga confiável.

Ao mesmo tempo, esperam de você o *cumprimento dessas expectativas* da representação: é preciso "gerenciar as impressões" corretamente. Ao se preparar para uma interação, você sabe intuitivamente qual é o melhor "eu" para usar naquele momento.

Como aprendemos a fazer isso desde pequenos, o processo todo parece natural. Só nos damos conta lidar com representações quando algo dá errado – por exemplo, quando, no ambiente de trabalho, temos uma reação muito emocional, mais indicada, ao menos em teoria, para o ambiente doméstico.

Se o ser humano fosse capaz de ler pensamentos, provavelmente a humanidade já teria se destruído. Esperamos e prometemos transparência nas relações, mas aguentaríamos *mesmo* conhecer a visão dos outros sobre nós? Imagine tomar um ônibus e saber a opinião de cada passageiro sobre nossa roupa. Dificilmente conseguiríamos lidar com tantos julgamentos e comentários (você pode ter uma ideia ao postar uma foto sua em redes sociais).

Claro, uma pessoa pode ser trementamente segura de suas ações, não ligar para o pensamento dos outros e ter certeza de todas as atitudes, mas casos assim parecem ser exceção – e um pouco complicados, talvez.

Palco e bastidores

Goffman leva a metáfora da interação dramatúrgica mais longe. Para ele, nossas atitudes são divididas, no cotidiano, de acordo com nossa preparação, nos *bastidores*, para entrar no *palco* de uma ação. Essa divisão não se refere necessariamente a lugares, como em um teatro, mas ao *tipo de interação* com as pessoas ao nosso redor.

Em linhas gerais, o *palco* é o lugar onde a ação principal acontece – isto é, a interação mais importante de um determinado momento.

Por exemplo, em uma empresa, a sala de reuniões é um dos palcos mais comuns: lá, sentados ao redor de uma mesa, a exposição de si mesmo é alta. Nossas palavras são ouvidas por todos, nossa aparência está vista continuamente. Qualquer comentário precisa ser planejado, porque um olhar de desaprovação, sobretudo de pessoas em cargos mais altos ou em destaque naquele momento, pode significar um problema – assim como receber um elogio em público pode fazer maravilhas com a autorrepresentação de alguém. Para lidar com a complexidade dessa ação, intrincada como uma cena de Shakespeare, é necessária toda uma preparação, feita nos *bastidores*.

Na metáfora teatral do cotidiano, os bastidores são as ações preparatórias para a interação principal. Antes de uma reunião de trabalho posso repassar mentalmente a pauta, rever o material a apresentar, olhar no espelho e dar uma última conferida na aparência. Conforme o caso, posso trocar algumas palavras com um colega a respeito da cena a seguir ("hoje vai ser complicado!"). Esse comentário, espera-se, *não será levado* à cena principal – é, jogando com as palavras, uma "conversa de bastidores".

A revelação dos bastidores de uma ação pode ser motivo de vários tipos de embaraço – por isso, o ideal é mantê-lo separado da cena principal. Ao encontrar um colega de trabalho no vestiário de uma academia no primeiro horário da manhã, há uma inesperada revelação dos bastidores, como a aparência física, escolha de roupas e cuidados pessoais utilizados antes de "entrar em cena" no ambiente de trabalho. Ao entramos em um elevador com paredes espelhadas e aproveitamos para dar uma última ajeitada na roupa ou no cabelo enquanto subimos. Quando a porta abrir em nosso andar, estamos entrando no palco, e precisamos garantir a melhor *performance* possível diante dos outros.

Vale lembrar uma diferença: "bastidor" não é sinônimo de "vida privada". A exposição de uma fotografia sua em um ambiente descontraído – digamos, com a família em um domingo de sol, em uma piscina – não é a revelação de um "bastidor" (embora possa ser bem constrangedor). Você não está se preparando para outra ação e, portanto, não há um bastidor: ele só existe como modo de espera da próxima cena.

Curiosamente, às vezes fazemos isso mesmo quando há outras pessoas no elevador. "Mas a pessoa não precisaria estar sozinha no bastidor?", você pode perguntar. Esse ponto é importante: na metáfora teatral, palco e bastidores não se referem a lugares (embora possam coincidir com eles), mas ao tipo de interação com as pessoas ao nosso redor. Andando de ônibus, sem nenhum conhecido à vista, estou no bastidor. Se uma amiga sobe e vem falar comigo, subitamente entro em cena – às vezes, sem tempo de conferir se estou devidamente preparado para isso. De repente, sou convocado a vestir minha *persona* de amigo e interagir a partir dessa disposição. Não posso deixar de fazer isso, exceto se meu objetivo for romper a amizade.

Além das personas

Diante de palavras como *persona*, "palco" e "bastidores", você pode, com toda a razão, perguntar: mas não existe um "eu" real? Quando me separo dessas imagens e representações, o que resta? Em algum momento posso ser, de verdade, eu mesmo?

Essa questão parte de um pressuposto implícito: temos, ou teríamos, uma espécie de essência, um "eu verdadeiro", revelado apenas em algumas circunstâncias – digamos, depois de anos de convivência.

A leitura de Goffman parece ir em outro sentido. Quando se trata de interações sociais, não existe separação entre "essência" e "aparência". Você é o que parece, e não deixa de ser "você mesmo" por isso.

Na concepção dramatúrgica do cotidiano, a equação "representação = mentira" não vale, simplesmente porque não existe uma "essência" a ser mostrada ou descoberta no final do filme. Em qualquer conversa, revelamos informações de acordo com a pessoa e nosso *tipo de interação* com ela. Apresentar versões ligeiramente diferentes de nós mesmos de acordo com a situação não significa falta de autenticidade, mas é parte do processo de aprender quem se é. A apresentação de si não é, nem poderia ser, uma mentira deliberada – até porque, em termos sociais, isso costuma ser uma estragégia muito perigosa.

Em *Ratatouille*, o protagonista Rémy vive essa situação durante todo o filme. Cada personagem com quem interage espera algo diferente dele. Para seu pai e seu irmão, ele é um rato, e deveria parar de tentar ser humano; para seu amigo humano Lingüini, ao contrário, o fato de ser um rato deveria ser deixado de lado. Preso no dilema entre a recusa de uma identidade e a impossibilidade de alcançar plenamente outra, Rémy se define por uma terceira condição: no final do filme, pela primeira vez, apresenta uma definição de si mesmo: "Eu sou um cozinheiro!".

Além das aparências

Situações de interação social, mesmo as mais simples, podem ser altamente reveladoras das maneiras como uma sociedade pensa, age e vê a si mesma, incluindo suas divisões, estereótipos e preconceitos. Elevadores, reuniões de condomínio, interações no balcão de uma lanchonete ou as pequenas conversas no transporte público podem ser espaços fantásticos para observar o microcosmos das interações sociais, onde representações e julgamentos de valor são construídos e aplicados.

As aparências enganam, sem dúvida, mas não há muitos outros elementos nos quais podemos nos basear inicialmente nas interações sociais. Sem um conhecimento mais profundo uns dos outros, há poucas opções além de agir de acordo com as impressões imediatas. Lidar com elas é um passo para compreender a força dessa ilusão – e, a partir daí, retomar a complexidade humana.

Uma das maneiras encontradas pela sociedade para fazer isso, e tornar a convivência um pouco mais fácil, são os *rituais de interação*, nos quais conseguimos estabelecer as relações com os outros. É o tema do próximo capítulo.

Terceira lição

Rituais e interações na sociedade

> Ora, em geral o costume não tem sido considerado uma questão de grande importância. Achamos que o funcionamento de nossos cérebros é indubitavelmente digno de pesquisa, mas tendemos a pensar que costume é apenas um comportamento da mais extrema banalidade. Na verdade, é exatamente o contrário.
>
> Ruth Benedict, *Padrões de Cultura*, p. 13.

Nas Ciências Sociais, a palavra *ritual* costuma ser ligada à religião, designando cerimônias, práticas ou ações relacionadas a momentos especiais, fora do ciclo cotidiano, nos quais as pessoas entram em contato com algo diferente – às vezes, outra realidade. Durkheim, em *As formas elementares da vida religiosa*, mostrou sua importância na vida de uma sociedade – por exemplo, o ritual de casamento mostrando a passagem da vida de solteiro para a de casado, e anunciando para a sociedade a formação de uma nova família.

Pouca gente trabalhou essa ideia em tantos detalhes quanto Goffman. Além do livro *Ritual de interação*, há referências em vários de suas outras obras, nem sempre usando a palavra "ritual", mas indicando o estabelecimento de um laço simbólico entre as pessoas, marcando as *passagens* e as *condições* das interações no cotidiano.

Na página 88 de *Relations in Public*, ele oferece uma definição: "O ritual é um ato superficial e convencionado por meio do qual um indivíduo retrata seu respeito e consideração por algum objeto de valor último para aquele objeto de valor último ou para seu substituto". Um ritual, portanto, mostra nosso respeito por uma situação e pela importância que os outros atribuem a essa situação.

O ritual como laço social

Nos rituais, estamos unidos às pessoas da nossa comunidade. Nos sentimos parte de um grupo, pertencemos a um lugar. Mesmo se a *performance* do ritual for individual, seu valor depende deles serem reconhecidos e praticados por um conjunto de pessoas. Rituais tem sentido exatamente por essa ligação com o grupo: são parte das interações sociais, de um "bom dia" ao tomar o ônibus até os cerimônias complexas, de uma festa de aniversário em família até o encontro de chefes de Estado.

Ao dizer "bom dia" para alguém, você está implicitamente informando "a partir deste momento podemos iniciar uma interação, dentro dos termos e condições da situação". Começar a interagir sem um cumprimento indica um desrespeito pelo interlocutor: é um pequeno, mas significativo gesto ritual de passagem de uma condição ("não estou te vendo") para outra ("estamos em contato").

Uma reunião de trabalho só começa de verdade quando os responsáveis anunciam o início, marcando a passagem das interações informais para as atividades esperadas – e só terminam, por sua vez, quando os laços forem desfeitos por uma outra frase ritual proferida pelo organizador.

Isso leva a outro ponto: nem todo mundo está autorizado a realizar a *performance* do ritual. Em um ambiente de trabalho, a abertura e o encerramento das atividades só pode ser realizada pelo gestor ou alguém designado por ele –

nenhum outro participante pode, a seu critério, encerrar a reunião sem provocar um estranhamento, se não um conflito. Já em uma situação informal, como uma reunião de amigos em um bar, qualquer pessoa – ao menos em teoria – tem autorização do grupo para puxar um brinde e proferir as palavras rituais desse momento.

Em situações formais, o uso ritual de palavras é parte fundamental da ação. Ao chamar alguém de "senhor" em vez de "você", a escolha de palavras é uma *performance* ritual referente à consideração e respeito atribuído à pessoa. Ao longo da interação, o uso de "senhor" mostra a existência de uma distância social a ser ritualmente respeitada. A interação não se desenvolve se esses critérios não forem cumpridos corretamente. Na melhor das hipóteses, a situação é entendida como uma "quebra de protocolo", com consequências variáveis para o desenvolvimento das próximas interações.

As interações rituais

Rituais *instauram* uma situação de interação entre as pessoas. Seu valor, longe de ser tomado nominalmente, deve ser entendido em termos *simbólicos*. Como lembram os sociólogos Peter Berger e Thomas Luckmann em *A constru-*

ção social da realidade, nós humanos vivemos em um "habitat simbólico": o *sentido* atribuído às coisas pode ultrapassar, em importância, os objetos em si. A camisa do meu time de futebol, em termos concretos, é apenas um pedaço de pano costurado. Mas posso vê-la como um *símbolo*: a cor faz referência à bandeira; o escudo traz as iniciais do time ou uma imagem representativa; logo acima, estrelas mostram os campeonatos ganhos.

Algo semelhante acontece com os rituais: vistos de fora, podem parecer gestos repetidos, sem utilidade prática. Ao apertar a mão de alguém, não estamos medindo quem é o mais forte ou nos preparando para aplicar um golpe na pessoa (apesar de alguns apertos de mão serem *realmente* fortes). Historicamente, indicam alguns estudos, apertar as mãos era um símbolo da ausência de armas e, portanto, de paz. Dessa demonstração prática ficou o gesto: apertar as mãos indica o reconhecimento e o início da interação, complemento do "bom dia".

Os padrões de ritual

No cotidiano, os rituais ajudam a demarcar as situações sociais das quais estamos participando ou somos testemunhas. Dentre as características de qualquer ritual, estão a *periodicidade* e a *reencenação*. Os dois pontos estão relacionados, mas vale a pena dedicar um minuto de atenção a cada um.

Rituais acontecem periodicamente, e devem obedecer a um tempo de espera antes de acontecerem novamente.

Após dizer "bom dia" para uma pessoa, devo esperar pelo menos até o dia seguinte para falar novamente. Do mesmo modo, ao dizer "até logo", espera-se a interrupção da interação – daí a sensação estranha quando você se despede de alguém na rua e os dois seguem na mesma direção: a interação já foi encerrada, mas é complicado simplesmente *ignorar* outra pessoa. Em geral, resolvemos o embaraço tematizando a situação, talvez com algum humor constrangido ("olha, a gente se despediu, mas vamos para o mesmo lugar").

O ritual deve ser repetido de modo muito semelhante, sob pena de não ser compreendido. Há pequenas variações possíveis: ao apertar a mão de alguém, posso dizer "como vai?" ou "e aí, tudo bem?", conforme a situação, mas seria estranho dizer "vida longa e próspera!", no melhor estilo *Star Trek*, fora de uma situação específica – um encontro entre fãs, digamos.

A periodicidade e a exatidão na *performance* do ritual permitem sua compreensão, e, dessa maneira, a manutenção de sua força simbólica nas interações sociais, indicando o lugar de cada pessoa nelas. Rituais ajudam a *ler* as interações sociais, permitindo aos participantes e espectadores entender a situação onde estão.

Com licença, por favor, obrigado

Daí, por exemplo, a atenção às *regras de polidez*, sem as quais a vida social seria muito mais difícil. Dizer "com licença", "por favor" e "obrigado" são rituais de interação responsáveis por tornar a convivência, se não boa, ao menos suportável. A polidez também está ligada ao *status* atribuído a cada pessoa na sociedade – e por isso, se relaciona também com questões éticas. Em algumas organizações, por exemplo, a direção do "bom dia" é tacitamente estabelecida: todos cumprimentam a pessoa em um cargo mais alto, mas ela seleciona a quem responder, sinal de deferência ou *status* concedido a alguém. Deixar alguém de lado é sinal de problemas na interação, gerando sentimentos de embaraço ou constrangimento.

Não por acaso, Goffman dedica um dos capítulos de *Ritual de Interação* aos rituais de deferência e ao "porte" (*demeanor*) mantido pela pessoa em uma situação. "Deferência" são os procedimentos rituais utilizado para ressaltar a posição superior de uma pessoa diante da outra ou dentro de um grupo. Por exemplo, esperar alguém chegar para dar início a uma atividade, tratá-la por um título, chamá-la de "senhor" ou dar passagem na porta indica, ritualmente, um reconhecimento de importância.

E, de todos os atos possíveis, talvez a atenção tenha maior destaque.

A interação focada

No cotidiano, as interações entre as pessoas se dividem em dois principais tipos, a interação *focada* e a interação *desfocada*. A diferença básica é a *atenção* dada às pessoas ao nosso redor. Em linhas gerais, uma interação focada pode ser definida como o acordo tácito, entre duas ou mais pessoas, de prestarem atenção uma na outra e em um objeto de interesse comum, deixando de lado qualquer outra coisa.

Começando de maneira simples, quando você anda de ônibus, está na presença de muitas outras pessoas – dezenas, nos horários de maior movimento. Durante a viagem, vai participar de algumas microinterações ao cumprimentar o motorista, ao subir, e o cobrador, no momento de pagar a passagem. Mas também vai interagir com todas as pessoas para quem vai pedir licença para passar. Nenhuma dessas interações dura além de uns poucos segundos, mas, nesse tempo, você e a outra pessoa estarão com o *mesmo foco* de atenção. Aliás, ao "pedir licença" para alguém, ela deve prestar um mínimo de atenção em você (e se afastar um pouco, quando isso não contrariar as leis da Física sobre espaço em um veículo lotado).

Durante esse breve instante ocorreu uma *interação focada*, delimitada pelo uso de expressões rituais – "com licença" e "obrigado". Existe um acordo entre você e a pessoa a respeito do foco da interação: você quer passar, está com dificuldades, a outra pessoa vai procurar ajudar. O interesse é seu deslocamento dentro do ônibus, e o foco de atenção é recíproco por poucos segundos. Nada mais além disso diz respeito ao momento – daí a noção de interação focada.

Essas interações, aliás, costumam ser reduzidas ao mínimo possível: raramente vão além de um "com licença" e "obrigado" – às vezes, pronunciados em voz baixa, engolindo uma letra ou uma sílaba para diminuir o tempo da interação focada. (Uma vez um colega estrangeiro, em visita, perguntou porque, às vezes, na rua ou no transporte público, ele ouvia um som semelhante a "sssça". Demorei um tempo para perceber que ele estava se referindo ao "com licença": quando eu pedia licença, geralmente falava em voz baixa, deixando algumas sílabas quase inaudíveis para ele).

Isso vale para outros tipos de interação focada. Em uma reunião no trabalho, a atenção de cada participante, espera-se, é dirigida para os outros e para a pauta, e nada além disso. Interações paralelas, como conversas entre dois participantes, olhar o celular ou desviar o assunto são um problema, a ser resolvido, no limite, com uma advertência para restaurar o foco ("vamos prestar atenção aqui"). Se isso não acontece, a interação tende a desmoronar, encerrando o sentido da reunião.

A manutenção do foco requer um esforço constante de cada participante para expressar, o tempo todo, sua atenção e participação no momento. Além de estar presente, é preciso interagir de maneira coerente com os outros participantes, falando e mostrando interesse na fala deles.

Essa parte de "mostrar interesse" é, em boa medida, resultado de expressões corporais, como manter o olhar na pessoa, movimentar a cabeça de vez em quando, seja em tom afirmativo ou de questionamento, e com expressões faciais referentes às suas reações. O teor da reação não importa tanto quanto o fato de você *estar interagindo*, mesmo se estiver discordando.

A importância dessa atenção ritual à interação focada pode ser notada quando, por alguma razão, um dos participantes se distrai e rompe momentaneamente a participação. Em geral, a pessoa é trazida de volta a partir de uma chamada direta ("você está ouvindo?", "está prestando atenção?") acompanhada de certo constrangimento de quem interrompeu.

Uma das dificuldades de aulas e reuniões *on-line*, por exemplo, é saber se as pessoas estão ouvindo e prestando atenção. Como nem sempre todas as câmeras estão abertas (e cada um tem seus motivos para abrir ou não), é difícil saber quem, exatamente, está participando daquele momento – e o ritual de interação, sem a atenção focada, fica muito mais complicado.

A regra de irrelevância

Outra característica da interação focada é a expectativa de que todos concentrem sua atenção nos pontos considerados relevantes. Goffman chama isso de *regra de irrelevância*: durante uma interação focada, os participantes concordam tacitamente a respeito dos pontos básicos, comprometendo-se a deixar de lado os outros. Qualquer elemento além do necessário para a interação deve ser mantido fora do foco de atenção dos participantes, mesmo quando se percebe perfeitamente sua presença.

Durante uma palestra, por exemplo, qualquer ruído da plateia ou no ambiente costuma ser ignorado pelo apresentador, exceto se mostrarem algum risco. Isso leva a um curioso paradoxo: pequenos incidentes são percebidos por todos, mas ninguém dá mostras disso – afinal, eles são considerados *irrelevantes*. Importante, no momento, só a palestra.

Esses acontecimentos – um celular tocando, uma porta bateu, alguém chegou atrasado – são percebidas, mas *intencionalmente deixados de lado* tanto pelo palestrante quanto pelo público. *The show must go on*, e enquanto for possível ignorar a situação, observa-se o acordo tácito a respeito disso. Espera-se, pela regra de irrelevância, a manutenção da *performance* durante todo o tempo da interação, sem se desviar dos acontecimentos daquele momento.

Na interação entre um casal de namorados em um café, por exemplo, espera-se uma a atenção reciprocamente dirigida. Desvios ocasionais de foco são permitidos apenas quando estão ligados à interação principal – pedir algo ao garçom, por exemplo. Qualquer outra mudança de foco, como ficar olhando para o celular ou para outra pessoa, tende a dissolver a interação (permanentemente, em alguns casos).

Interação desfocada

Em qualquer interação social, nunca estamos exatamente desligados do ambiente ao redor. Podemos estar no ônibus, ouvindo música, alheios às pessoas ao redor até um evento chamar a nossa atenção. Procuramos, imediatamente, *ler* a situação da melhor maneira possível para compreendê-la. No entanto, nem sempre é o caso de interagir com aquela situação, exceto se, por algum motivo, formos envolvidos nela. Estamos conscientes da situação, mas não como participantes: nossa interação é *desfocada*, e o grau de envolvimento consideravelmente baixo.

Às vezes, a falta de atenção leva a uma inadequação com o momento, provocando um deslocamento entre a situação, a expectativa de comportamento e nossas atitudes, criando um sentimento de embaraço.

Como, aliás, é quase inevitável em inúmeras situações.

O sentimento de embaraço

Ficar vermelho, baixar os olhos, esconder as mãos, trançar os pés: o sentimento de embaraço mostra sinais facilmente reconhecíveis. É discutível se existem comportamentos universais no ser humano, mas a sensação de constrangimento ou vergonha poderiam ser sérios candidatos. Poucos sentimentos são mais sociais e socializados: o embaraço, assim como sua parente próxima, a humilhação, só existe na presença dos outros. Isso fica claro na expressão "vergonha alheia": mesmo não sendo o protagonista da ação, você sabe, ou pelo menos imagina, a sensação de outra pessoa.

Às vezes, quando você faz algo errado e só percebe depois, aparece uma curiosa sensação de embaraço retroativo. Por exemplo, quando alguém te avisa "sua roupa está manchada" depois de vários minutos de conversa – ou, pior ainda, depois de uma reunião ou evento do qual você participou. Mesmo já tendo saído da situação, você se sente constrangido. O embaraço, estranhamente, é dirigido a outra versão de você. Vergonha alheia de si mesmo.

A vergonha, embora seja profundamente social, se manifesta no indivíduo, e de maneira altamente emocional. Trata-se de uma sensação de rebaixamento da autorrepresentação, diminuição da importância diante de si mesmo. O sentimento de embaraço é criado, em nós, pela expectativa de julgamento dos outros.

O constrangimento é provocado pelo *olhar* do outro em um momento desfavorável, longe da melhor apresentação de nós mesmos. A visão das outras pessoas nos deixa constrangidos quando não estamos plenamente adaptados a uma situação. Se ninguém está olhando, não há motivos para constrangimento: é a expectativa de sofrer algum tipo de *dano*, temporário ou permanente, na identidade, que provoca esse sentimento negativo.

A sensação de embaraço tende a ser mais diluída quando é dirigida a um grupo – afinal, o problema não é só com uma pessoa. Daí a sensação de alívio quando a bronca é na sala de aula, não em você. Ou, no mesmo cenário, ao chegar atrasado, você torce para mais gente aparecer e entrarem todos juntos: os olhares vão se alternar entre cada um, diminuindo a sensação de embaraço.

Fora de lugar

Uma palavra-chave para compreender a ideia de embaraço é *inadequação*.

Enquanto estamos plenamente adaptados a uma determinada situação, vestindo as roupas certas, utilizando o vocabulário esperado ou cumprindo corretamente os rituais de um momento, há uma grande chance de nossa conduta passar despercebida. Aparentemente, qualquer coisa adaptada às nossas expectativas se torna invisível. Daí, aliás, o risco de normalizar situações de humilhação ou violência: elas se tornam invisíveis.

Entretanto, quando algo não sai como esperado, subitamente nos destacamos na cena. Nos tornamos visíveis – é como se todas as luzes do palco se concentrassem sobre nós com a única finalidade de mostrar nossa inadequação ao momento. Deixamos escapar um erro de português, estamos vestidos de maneira errada para a ocasião, encontramos uma mancha na roupa: as situações poderiam se multiplicar, mas há um denominador comum – a visibilidade da inadequação.

Esse destaque cria uma situação de constrangimento decorrente da diferença entre a expectativa de um tipo de comportamento e sua realização.

Anos atrás, na Universidade de East Anglia, na Inglaterra, o oculista do centro médico local me indicou um descanso de pelo menos meia hora a cada duas de leitura ou diante do computador. Uma vez, cumprindo essa recomendação, saí da biblioteca onde costumava ficar e, como o dia estava lindo, deitei no gramado para tomar sol.

Exatamente quando meu orientador passava.

"Trabalho duro, hein?", ele comentou, com um sorriso.

"Está terrível", respondi, entrando na brincadeira, mas também para diminuir o constrangimento da situação.

Os rituais mínimos: os momentos e suas pessoas

Rituais são uma das matérias-primas da ordem social. Ao mesmo tempo, ajudam a mantê-la a partir de suas repetições periódicas. Se as pesquisas nas Ciências Sociais dedicaram tempo e esforços para compreender os grandes rituais das sociedades, Goffman dirigiu o foco para as pequenas práticas cotidianas. Em sua aparente insignificância, contribuem de maneira decisiva nas interações sociais, indicando *qual* é a interação e as melhores maneiras de agir nelas.

Ao fazer isso, Goffman ressaltou a importância dos momentos de interação delimitados pelos rituais, assim como o conhecimento de suas regras, início e fim. Não por coincidência, no final do prefácio de *Ritual de Interação*, ele inverte uma perspectiva clássica: as pessoas não fazem o momento, os momentos fazem as pessoas.

Os rituais têm seus momentos, sem dúvida, mas, às vezes, eles não dão conta de resolver, ou pelo menos atenuar, situações recorrentes de embaraço e humilhação. Algumas pessoas parecem ter sido escolhidas para ficar de fora em qualquer situação, como se fossem portadoras de uma marca negativa. "Marca", em grego antigo, é "estigma" – nome do livro seguinte de Goffman, e tema do próximo capítulo.

Quarta lição

Estigma, o preço de ser diferente

> As humilhações devem, a partir de então, ser consideradas consequências das sociedades de mercado sem limites, que, ao gerar ou fomentar o desenvolvimento de humilhações intensas, não estão em condições de respeitar a condição humana e de oferecer a todos os seus membros condições de vida decentes.
>
> Claudine Haroche, *A condição sensível*, p. 168.

Estigma é provavelmente o livro mais triste de Goffman. "Triste" e "alegre" não são categorias muito usadas para falar de pesquisas acadêmicas. Afinal, espera-se, estudos lidam com fatos, não emoções ou sentimentos. Mas é difícil não perceber o tom ao longo das páginas e páginas descrevendo situações de intenso sofrimento vividas por algumas pessoas. O motivo?

Trazem alguma marca que as torna alvos privilegiados da violência simbólica do cotidiano.

Um estigma (do grego "marca", como vimos) pode ser entendido como uma característica real ou atribuída a alguém no sentido de inferiorizá-la diante dos demais. Qualquer pessoa pode se definir de muitas maneiras, por exemplo, a partir de sua religião, seu time ou profissão. Para o estigmatizado, no entanto, essas características ficam em segundo plano: aos olhos da sociedade, ele é definido pelo estigma.

Mas é o subtítulo do livro que oferece pistas mais diretas para entender a questão: "Notas sobre a manipulação da identidade danificada". "Identidade danificada": uma pessoa que, por algum motivo, está fora das normas e dos padrões considerados aceitáveis na sociedade. Aos olhos dos outros, ela não é o que se esperava – está sempre deslocada, fora de sintonia.

Daí a "identidade danificada" no subtítulo do livro. A todo e qualquer momento, a pessoa pode ser lembrada de sua diferença, e de seu aspecto negativo em relação aos outros – não é "normal".

Nem todo estigma se deve a algum tipo de característica física. Ao contrário, muitas marcas sociais de inferiorização estão ligadas a fatores como a origem de classe, os gostos, as amizades ou a trajetória de vida.

"Normal" para quem?

Você pode perguntar, com toda a razão, o significado de "normal". Se cada pessoa é única, com suas características e personalidade, não faria muito sentido falar em "normal". De certo ponto de vista, é verdade: cada ser humano é singular, e, até onde se sabe, não há nenhuma cópia de alguém.

No entanto, apesar das diferenças, temos muita coisa em comum: não só o fato de, como seres humanos, compartilharmos a mesma biologia. Compartilhamos também as regras da vida em sociedade, desde os pontos mais básicos da educação, como dizer "por favor" e "obrigado", até definições mais abstratas como "certo" e "errado", base da ética, ou "bonito" e "feio", a discussão da estética.

Esse aprendizado raramente é formal. Dificilmente, veremos alguém dizer para o filho "Hoje vamos aprender sobre juízos estéticos socialmente definidos. Observe aquela pessoa do outro lado da rua". Na prática, a coisa é bem mais sutil. Desde pequenos, percebemos o que as pessoas ao nosso redor chamam de "feio" ou "bonito", "certo" ou "errado", assim como os comentários de aprovação ("como você está bonito com essa roupa!") ou a censura a certas atitudes ("não faça mais isso, é muito feio!").

Ao mesmo tempo, notamos também as emoções ligadas a esses julgamentos. Por exemplo, os sentimentos de alegria ou tristeza associados a alguém ("coitado, olha aquele moço ali..."). As emoções, longe de serem apenas uma questão pessoal, também são socialmente definidas. Por meio da educação, na construção do conhecimento, formamos os conceitos das coisas boas, belas e corretas em relação ao ruim, feio e errado.

Mas não é só isso. Não aprendo apenas as noções de "bonito" ou "feio", mas também *a me posicionar* em relação a essas categorias. Ao ouvir o quanto um ator "é lindo", consigo perceber se sou parecido com ele ou não. Essa postura permite notar onde nos situamos na sociedade e quais as expectativas dos outros a nosso respeito.

Viver em sociedade é também aprender essas normas – "normal", literalmente, é estar de acordo com a norma. Na prática, isso significa acompanhar a maioria numérica. "Normal", para todos os efeitos, está ligado às ações e modos de ser da maior parte das pessoas de um grupo ou toda a sociedade.

Não precisamos ir muito longe: nenhuma regra obriga você a almoçar entre 12h e 14h, mas certamente fica mais difícil encontrar companhia se seu horário de almoço for às 16h. Há uma chance dessa característica se tornar assunto para os outros: conhecido como "a pessoa do almoço às quatro da tarde", de vez em quando você ouviria perguntas sobre como "por que você almoça tão tarde?", "não sente fome antes?", "não gosta de almoçar com a gente?".

Aprender o estigma

Ao longo da vida, aprendemos (1) qual é norma para uma situação e (2) o quanto você está próximo ou distante dela. Quanto mais afastados da "vida normal", em geral, maior o estigma. As perguntas de Goffman, em *Estigma*, estão direcionadas a isso: como lidar com a identidade "danificada"? É possível reparar esses danos? E, em caso afirmativo, de qual maneira?

A pessoa com um estigma *aprende* a se reconhecer dessa maneira e descobre, desde cedo, as consequências. O aprendizado social do preconceito pode levar, em alguns casos, à *interiorização* desse modo de ver as coisas. Essa é uma das partes mais complicadas: o estigmatizado pode não perceber que as características negativas lhe são *atribuídas* de maneira artificial e pensar, na realidade, se ele não é *mesmo* inferior aos outros. Há uma chance do indivíduo aceitar a "identidade danificada" como o principal aspecto de si mesmo.

Esse tipo de visão a respeito de si mesmo tem várias consequências na vida da pessoa, em *Estigma*, Goffman mostra algumas delas. Ela pode se sentir responsável pelo estigma, somando à humilhação um sentimento de culpa, e a culpabilização da vítima atinge um ponto mais complexo nesse caso. Isolamento, recusa em sair ou ver outras pessoas estão entre as formas de evitar o olhar e o julgamento associados ao estigma. Em alguns casos, rejeitar a própria imagem, negando também outros aspectos de sua identidade – a pessoa se autocancela.

Uma outra forma de lidar com o estigma, talvez mais sutil, mas igualmente violenta, é tentar parecer o que não se é para para ser aceito em algum lugar. Isso é mais recorrente quando o estigma não é visível. A pessoa busca uma identidade *adequada ao momento* – por exemplo, rindo de piadas discriminatórias sobre o grupo ao qual pertence para não revelar esse vínculo – mesmo quando isso significa violência contra quem se é, uma agressão a si mesmo.

O estigma e a vida cotidiana

Quando a realidade joga a nosso favor, dificilmente vemos seus problemas. Para uma pessoa adaptada às regras da sociedade, o mundo parece perfeitamente normal. As coisas acontecem como devem. Ela não precisa garantir sua existência *contra* a realidade todos os dias. Dificuldades existem, mas, no geral, a vida segue. Um indivíduo beneficiado pelas normas da sociedade pode não perceber o quanto, para outros, elas criam dificuldades todos os dias. Por isso, talvez não sintam necessidade de mudança. O mundo parece bom do seu lado da fronteira.

Mas tem gente do outro lado.

Pessoas para as quais o simples fato de se manter vivos é um desafio todos os dias. Para quem as atividades cotidianas aparentemente mais triviais podem ser um enorme problema, enfrentado o tempo todo. A realidade não foi feita para elas, o mundo não foi planejado pensando nelas.

Se você tem alguma dificuldade de locomoção, as calçadas de uma cidade podem ser hostis. Muitas vezes não são planas; há desníveis entre trechos, buracos e irregularidades – alguém "normal" poderia evitar com um movimento de corpo, mas, para você, andar por aquela calçada é um problema.

A questão, pensada a partir de Goffman, não é necessariamente o uso de um recurso especial, mas a independência para utilizá-lo por conta própria. Em locais públicos, por exemplo, precisar de algum tipo de auxílio tende a atrair olhares, não só destacando a situação, mas também chamando a atenção para esse momento de ruptura com a "ordem normal" daquele momento. Não basta o fato da pessoa ter dificuldades de locomoção: ela é vista como tal, e sua situação é avaliada – e, talvez, julgada – pelas pessoas ao redor.

Isso leva a dois pontos relativos ao estigma: seu caráter *social*, de um lado, e a ligação com a *visibilidade*, do outro.

As marcas da relação

O estigma, além de qualquer uma marca ou atributo, é uma *relação* criada entre um padrão social e cada indivíduo na sociedade. Você só é "bonito" se as pessoas ao seu redor tiverem uma definição do belo e do feio, e você tiver a sorte de ser colocado mais perto do primeiro foco que do segundo. O estigma depende do quanto determinadas características de alguém, confrontados com o "normal", se destacam – geralmente, de maneira negativa.

As características de alguém só se tornam um estigma se forem consideradas dessa maneira pelo grupo na qual a pessoa está. Os mesmos aspectos podem ser julgados de maneira diferente conforme o ambiente social em que está. Algo visto como negativo em uma situação pode ser digno de elogio em outra – saber escolher o vinho para acompanhar uma refeição pode ser sinal de refinamento em um restaurante fino, mas poderia passar por um esnobismo insuportável em uma reunião de família.

A existência de um estigma também depende da situação na qual a pessoa está. Muitas vezes, a pessoa só nota um estigma ao entrar em um outro grupo. Geralmente, essa descoberta acontece ao ver uma de suas características, até então despercebida, se tornar alvo de comentários negativos dos outros.

Por exemplo, ao mudar de região, a pessoa pode ser subitamente confrontada com o fato de "falar diferente" (alguns talvez diriam "falar errado"). Seu modo de falar, no local de origem, não fazia a menor diferença – não era apenas "normal", mas simplesmente invisível: ninguém dava a mínima atenção. Em outro lugar, essa característica passa ao primeiro plano: ela será informada, de maneira mais ou menos agressiva (às vezes na forma de "brincadeiras" altamente questionáveis) do quanto seu modo de falar *chama a atenção* – o ponto central do estigma.

A definição de algo como "estigma" também poder mudar com o tempo. A expressão *nerd*, tempos atrás, designava, com tintas negativas, jovens interessados em tecnologia, *games*, literatura, filmes *cult* ou séries de TV menos conhecidas, vistos como introvertidos e com dificuldades de relacionamento, sobretudo para "arrumar namorada" (a ideia de *uma nerd* não era sequer considerada na época). O ambiente das mídias digitais modificou o panorama, e a palavra passou a indicar um estilo valorizado em certos espaços.

Ninguém nasce com este ou aquele estigma, mas *qualquer coisa* pode se tornar um estigma. Depende do quanto essas marcas são tornadas visíveis e destacadas como negativas.

Ver, esconder, ressignificar

O alcance social de um estigma depende, em boa medida, de sua visibilidade. E "visibilidade" tem vários sentidos, todos ligados à como lidar com os "danos" na identidade.

No caso das características físicas, as marcas de humilhação e sofrimento tendem a se manifestar de maneira mais ou menos contínua e evidente. Por exemplo, quando a falta de habilidade de uma pessoa é destacada em público ("você não joga nada!") ou, durante uma refeição, alguém faz comentários sobre o peso de quem está comendo ("Nossa, vai comer tudo isso?").

As atitudes em relação a um estigma variam, mas todas parecem ser, de alguma maneira, tentativas de diminuir os aspectos negativos nas interações com os outros. Em certos casos é possível eliminar ou diminuir temporariamente sua visibilidade – por exemplo, na escolha de roupas para deixar o corpo mais próximo dos padrões de beleza, nas tentativas de "evitar a velhice", "rejuvenescer" ou "falar corretamente".

Se é impossível eliminá-lo, viver com ele é uma situação à qual os indivíduos respondem de maneiras muito diferentes – de acordo com sua personalidade, de um lado, e a natureza do estigma, de outro.

Em *Frozen*, a protagonista, Elsa, nasceu com um poder especial: consegue produzir cristais de gelo com as mãos, criando construções e esculturas fantásticas (além de dar vida a Olaf, o boneco de neve). No entanto, quando acidentalmente machuca sua irmã, Anna, seus pais decidem esconder essa condição, expressa na canção-tema *Let it go*: "Encobrir / não sentir / nunca saberão / mas agora vão".

Já em *Procurando Nemo*, o protagonista, um peixe-palhaço, nasceu com uma nadadeira menor do que a outra. Seu pai, Marlin, a chama de "nadadeira da sorte", transformando a interpretação do fato sem escondê-lo ou deixá-lo de lado. Sua amiga Dory ("continue a nadar, continue a nadar") tem perda de memória recente, aspecto pouco trabalhado no filme, mas central, de modo diferente, em *Procurando Dory*.

A superação parcial

Goffman chama a atenção para um aspecto particularmente cruel do estigma: sua superação, em termos sociais, quase nunca é completa. Adaptando alguns de seus exemplos, quando uma pessoa com alguma necessidade especial consegue realizar algo "normal", o mérito é destacado em relação ao estigma, não ao feito ("ela conseguiu, mesmo sendo assim").

O alcance desses recursos para tornar o estigma menos visível é limitado. E trazem um risco a mais: a possibilidade de uma súbita ou inesperada revelação do estigma, tornando o processo duplamente humilhante – pela presença do estigma e pela tentativa de escondê-lo. Como o estigma é construído socialmente, o problema aqui é *não deixar os outros ficarem sabendo* de algo.

Isso leva a outro ponto.

A biografia danificada

A história pessoal pode ser uma fonte de estigmas quando a origem da pessoa, ou uma situação pela qual passou, é socialmente estigmatizada. A origem de alguém pode se tornar uma marca de inferiorização derivada do contato ("ih, mas ela vem de tal lugar..."). Por exemplo, ao menos até os anos 1990, ser filho de pais separados poderia ser um motivo de estigmatização para crianças.

O controle das informações é crucial para tentar esconder ou "corrigir" o estigma. A qualquer momento a pessoa pode, inconscientemente, dar alguma pista, cometer um erro ou fazer um comentário revelando o estigma. Arriscando-se a todo momento a ter o "dano" da identidade revelado, a pessoa está continuamente alerta, procurando estratégias para esconder pontos considerados negativos.

A contaminação

Outro aspecto do tema é denominado por Goffman de "contaminação". Um estigma não fica restrito a um indivíduo, lugar ou situação: quem convive com eles pode se tornar objeto de uma visão negativa semelhante. De maneira direta, o preconceito contra a pessoa ou situação estigmatizada é dirigido também àqueles ao seu redor: estar próximo significa se tornar um alvo potencial das mesmas atitudes negativas.

Uma consequência imediata é a solidão ligada ao estigma.

Na trama social do gerenciamento de impressões, a distância é vista como estratégia para evitar a contaminação de uma pessoa ou situação estigmatizada. Não por acaso, em muitas sociedades existem formas de evitar o contato com as pessoas consideradas portadoras de um estigma – o confinamento, o isolamento, a expulsão para regiões afastadas e, em último grau, a eliminação física.

Mas nem é preciso chegar a tanto. Essa solidão se manifesta no isolamento do estigmatizado em relação a aspectos simples do cotidiano. Por exemplo, na escola ou no trabalho, não ser escolhido para uma atividade sem razão aparente, ser deixado de lado em situações das quais poderia ou deveria participar ou ser evitado por outras pessoas – e, às vezes, ouvir justificativas bem pouco convincentes sobre isso.

Daí um dos motivos da força social do estigma: ele se distribui em várias direções, podendo afetar não apenas uma pessoa ou grupo, mas os outros ao redor.

Para usar um exemplo da ficção, em *A Bela e a Fera*, o estigma mais evidente é o do príncipe transformado em Fera, recluso em seu castelo. Mas a protagonista também não está plenamente encaixada no mundo onde vive: as pessoas da aldeia não conseguem compreender o interesse de Bela pelos livros. Eles não conseguem *ler* as atitudes de Bela: não há espaço para a leitura, sonhos ou distrações entre as atividades esperadas para uma jovem, e seus comentários sobre ela são ligeiramente negativos.

Da vulnerabilidade à força

A situação pode *estar* assim, mas não *precisa* ser assim. A vulnerabilidade decorrente do estigma está ligada também ao isolamento, ou à sensação de isolamento, do indivíduo com determinadas características. Por isso, o vínculo com pessoas igualmente estigmatizadas pode significar uma possibilidade de mudança. Isolada, a pessoa pode se sentir vulnerável, "estranha" ou "anormal"; ao encontrar outros iguais a ela, nota não haver nada de errado com sua condição – exceto quando algumas pessoas se esforçam para mostrar isso.

A partir dos laços de solidariedade, é possível construir a ação para mudar o sentido social de uma condição. Grupos podem provocar mudanças – por exemplo, indicando a maneira como preferem ser denominados, buscando acesso a espaços ou propondo mudanças para garantir seus direitos como cidadãs e cidadãos. Estigmas são relações sociais e, como tais, podem ser revistos.

Em alguns casos, essas mudanças são mais difíceis. Trata-se de situações nas quais a pessoa não tem necessariamente um estigma, mas vive em lugares nos quais suas ações são controladas, de maneira total ou parcial. São as *instituições totais*, uma chave importante para entender as microinterações sociais – e tema das próximas páginas.

Quinta lição

Instituições totais e o controle do indivíduo

> Não há silêncio bastante
> Para o meu silêncio.
> Nas prisões e nos conventos
> Nas igrejas e na noite
> Não há silêncio bastante
> Para meu silêncio
>
> Hilda Hilst, *Roteiro do Silêncio*, p. 1

Manicômios, Prisões e Conventos, título da edição brasileira de *Asylum*, oferece algumas pistas do que trata o livro – uma tradução literal, como "asilos", poderia sugerir um estudo exclusivo sobre velhice e processos de envelhecimento. Em inglês, "asylum" se refere a qualquer instituição na qual pessoas ficam internadas. O título da edição espanhola, *Internados*, indica a situação dos protagonistas. Não se trata de estudos separados sobre cada uma dessas instituições, mas uma pesquisa detalhada do que elas têm em comum – sua organização como *instituições totais*.

Em uma primeira definição, uma instituição total é um espaço no qual pessoas ficam completamente separadas do mundo exterior, com todas as suas atividades minuciosamente controladas. Ou, como já foi dito por outros, é um lugar no qual tudo o que não é obrigatório é proibido. Instituições totais podem estar ligadas a várias atividades, dentre as quais se destacam, historicamente, o tratamento de doentes, ensino, vivência religiosa, reclusão e cumprimento de penas legais – daí os "manicômios, prisões e conventos" no título da edição brasileira.

A principal característica de uma instituição total é seu fechamento em relação ao mundo exterior. Não apenas a entrada e a saída são rigidamente controladas, mas suas atividades internas também são definidas de acordo com regras próprias, voltadas exclusivamente para o cumprimento de sua finalidade – o tratamento e a cura, o cumprimento de uma pena, a educação ou uma experiência religiosa, por exemplo.

Primeiro, há limites físicos. Muros altos, grades nas janelas, portões com vários níveis de checagem e guardas armados, em cada situação, mostram a separação do lugar em relação ao exterior: entrar ou sair sem autorização é quase impossível. Visitas têm dia e hora marcada, duração determinada e, em alguns casos, supervisão de um representante da instituição; contatos sem autorização são proibidos.

Esse fechamento também se refere à autossuficiência: o contato com o mundo exterior é mínimo e controlado. Por isso, são praticamente microcosmos com vida própria, diferente daquela conhecida dos muros para fora.

Esses motivos estão entre os que levaram Goffman a realizar uma longa pesquisa de campo no Hospital Santa Elizabeth, em Washington, entre 1954 e 1957. Seu objetivo era compreender as interações entre os pacientes, em sua maioria pessoas com problemas de saúde mental, as equipes técnicas e os dirigentes.

Seu método, assim como na pesquisa de doutorado nas Ilhas Shetlands, foi a imersão no universo de pesquisa. Misturando-se com os pacientes, teve a oportunidade de conhecer a realidade da instituição a partir da observação direta do cotidiano. Sem nenhum símbolo de sua condição de pesquisador, testemunhou uma série de situações descritas em *Manicômios, Prisões e Conventos*, complementando as observações com dados de outras pesquisas e da literatura.

Mas o que podemos aprender estudando as instituições totais? Qual o interesse para quem não tem nenhuma relação com elas? A resposta está implícita no livro: as interações vistas nas instituições totais existem em outras instituições sociais, de maneira menos direta ou violenta. Assim como no livro *Vigiar e Punir*, de Michel Foucault, outro trabalho de referência sobre o assunto, a observação das formas de controle, em *Manicômios, Prisões e Conventos* tem muito a dizer sobre as relações de poder na sociedade, levadas a extremos nas instituições totais.

Instituições, grupos e indivíduos

Quando falamos em "instituições sociais", geralmente lembramos de lugares mais ou menos definidos, como igrejas, empresas ou escolas. Ampliando um pouco mais essa definição, talvez alguém se refira à Justiça ou órgãos do governo. Embora essa primeira definição não esteja errada, instituições vão além disso.

Os sociólogos norte-americanos Peter e Brigitte Berger, em um texto apropriadamente intitulado "O que são instituições sociais?", propõem outra visão. Em uma primeira definição, instituições são *práticas sociais*, isto é, atividades definidas socialmente e direcionadas a outras pessoas, e estão acima dos indivíduos.

A instituição "casamento" não depende *deste* casal, mas de qualquer dupla de pessoas interessadas em estabelecer essa relação. Uma instituição é uma prática sem sujeito: sua existência não depende deste ou daquele indivíduo específico, mas do conjunto de seus praticantes. Casais se formam e desmancham todos os dias, mas a instituição "casamento" continua existindo independentemente de quem se casa ou se separa – ela só deixa de existir se, em uma sociedade, ninguém nunca mais se casar.

Mesmo algumas das atividades mais pessoais tem aspectos institucionais – ou seja, elementos *externos* aos indivíduos, que precisam se adequar a eles em uma situação.

Seu namoro, por exemplo, é um assunto seu e do seu namorado (assim esperamos). No entanto, independentemente de quem você namore, há atitudes necessárias para caracterizar um relacionamento como "namoro" – exclusividade na atenção afetiva, preferência na companhia para atividades, confiança e respeito mútuos, demonstrações de afeto e assim por diante. Salvo por acordo do casal, sem isso não há namoro.

Estamos ligados a instituições o tempo todo. Pertencemos a uma família, estudamos em uma universidade, temos um emprego, frequentamos uma denominação religiosa ou torcemos para um time. Em cada uma dessas instituições nos deparamos com regras de comportamento específicas (como fiel, em uma igreja, torcedor no estádio, namorada, com outra pessoa e assim por diante). Posso restringir o contato com as instituições ao mínimo, mas não é possível me desligar de todas – vínculos institucionais são parte integrante da vida em sociedade.

Prêmios e punições

Peter e Brigitte Berger apontam algo fundamental para entender as ideias de Goffman: as instituições sociais funcionam de acordo com um sistema de *prêmios* e *punições*. Enquanto os melhores comportamentos, isto é, mais de acordo com as normas da instituição, tendem a ser recompensados, trangressões são penalizadas. Esse sistema não é utilizado apenas para mostrar as consequências da ação deste ou daquele indivíduo: nas instituições sociais, servem de exemplo para os outros, amostra do que pode acontecer com *você* da próxima vez.

As regras, e a rigidez de sua aplicação, variam conforme o rigor de cada instituição. Não há instituição sem regras, e a possibilidade de sua aplicação está sempre no horizonte. Se isso não acontece, a instituição só tem existência nominal.

Os sistemas de prêmios e punições, ao menos em teoria, não depende desta ou daquela pessoa. Como não estão ligadas a esta ou aquela pessoa, instituições costumam se apresentar como *objetivas*, isto é, não dependem dos indivíduos. Daí a dificuldade de modificá-las: elas raramente têm um rosto, apenas normas e regulamentos. Participantes de uma instituição podem se sentir pressionados, por exemplo, a aplicar as normas em situações nas quais, pessoalmente, talvez agissem de outra maneira ("não faço as regras, só aplico", "eu só estava cumprindo ordens").

A distribuição do tempo entre instituições

O vínculo com as instituições sociais pode ser voluntário, como no caso de uma denominação religiosa ou um namoro, ou obrigatório, como em relação a alguns órgãos do governo ou à família imediata. No entanto, para boa parte das pessoas, esses vínculos tem hora e lugar definidos: distribuímos nossas atividades entre as instituições às quais pertencemos, e podemos, com graus diferentes de liberdade, definir quanto tempo vamos usar em cada uma.

Isso contribui para nos situarmos como indivíduos: não *somos* a instituição A ou B, nós mantemos *vínculos* com ela, podendo em alguns casos, ser diminuídos ou dissolvidos. No dia a dia, transitamos *entre* as instituições, e cada uma representa uma parte de nossa identidade.

A situação muda no caso das instituições totais.

Por que "total"?

Em uma instituição total, uma vez internado, o indivíduo deixa de ter controle sobre si mesmo. Seu corpo, ações e mesmo sua vontade passam a ser, de maneira mais ou menos rígida, planejados pela instituição. Nos casos extremos, qualquer manifestação de descontentamento, ou às vezes, até mesmo de vontade própria, tende a ser punida. A suspensão do livre-arbítrio é uma das primeiras e mais visíveis características de uma instituição total. Ela define *todos* os aspectos da vida do interno, eliminando qualquer espaço pessoal ou privado – daí a ideia de "total".

Em uma comparação longe de ser exata, ficar internado por alguns dias em um hospital permite observar essas características. A partir do momento da internação, boa parte de sua conduta vai ser definida pela instituição. A alimentação, o vestuário, visitas, refeições, aplicação de medicamentos, exames e outros procedimentos são planejados e executados por especialistas, cada um responsável por cuidar de um aspecto da saúde do paciente. A autonomia deste último é reduzida: as menores ações e atividades, em certos casos, precisam de autorização. Até ter alta, suas atividades são institucionalizadas.

Evidentemente isso não tem nada a ver com a competência das equipes: trata-se de uma questão da sociologia das instituições, e mesmo o melhor hospital do planeta não poderia deixar de lado esses procedimentos – sem eles não seria atingida a finalidade do lugar.

Os micropoderes nas instituições não dependem apenas dos indivíduos, mas de suas posições. Lugares de poder exigem de seus ocupantes o exercício desse poder – por exemplo, tomar decisões e as providências para que sejam cumpridas. A maneira como isso será feito depende em parte do caráter de cada um, mas há situações nas quais o lugar, não a pessoa, define o procedimento (no limite, um enfermeiro não poderia deixar de aplicar um remédio só porque o paciente não acha bom tomar injeção às quintas-feiras).

O controle sobre o indivíduo

Uma característica de muitas instituições é sua tendência à *uniformidade*. Como elas são, ou pelo menos pretendem ser, impessoais, o espaço da individualidade costuma bem ser restrito, seja pelas normas e regras, seja por quem as aplica. Se algo vale para um, vale (ou deveria valer) para todos. Por isso, há uma tendência à padronização dos participantes, sejam da equipe, sejam clientes ou pacientes.

O modo mais simples de ver isso é no uso de uniformes, uma das primeiras formas de marcar a passagem do mundo externo para a instituição. Roupas são parte de nossa identidade, combinam com nosso estilo, são confortáveis ou nos fazem sentir bem, e nos conectam com os ambientes onde queremos estar. O uniforme substitui esses marcadores pessoais pela identidade institucional: com o uso da vestimenta da instituição, uma parte de nossa identidade é imediatamente associada a esse espaço. Uniformes mostram a posição de cada um dentro da instituição, permitindo seu reconhecimento imediato por todos os outros.

O uso de prontuários, fichas e documentos semelhantes para definir a pessoa de acordo com as classificações da instituição é outra maneira de manter a uniformidade. A qualquer momento a ficha da pessoa pode ser levantada, e seu histórico é tornado visível. A biografia, outro elemento da identidade, é institucionalmente transformada em marcadores definidos – sua evolução física ou suas atitudes, por exemplo.

Em alguns casos, a alteração mais radical acontece quando o nome da pessoa é substituído por outro, ou por um qualificativo. A identidade pessoal recebe um golpe duro no sentido da despersonalização: ela deixa de ser organizada ao redor de um nome próprio e passa a ser definida pela denominação dada pela instituição. Uma forma, por exemplo, é a atribuição de números aos participantes, embora isso também possa acontecer na forma de nomes coletivos para identificar a situação institucional da pessoa ou alguma característica física ("iniciante", "caipira", "baixinho"). Ser chamado por um nome com o qual você não se reconhece é uma forma não só de controle, mas também de violência simbólica.

O poder pessoal

Uma instituição existe em cada uma e cada um de seus participantes. Suas normas tendem a ser incorporadas por todos, e alterações tendem a ser vistas com reservas ou mesmo desconfiança. A obediência às normas e às regras não é baseada na autoridade pessoal, mas no cargo ocupado, com poderes e atribuições definidos em estatutos, normas e regulamentos.

O ocupante de um cargo pode trazer sua marca pessoal (caso contrário o mundo social seria tremendamente engessado, e Goffman não parece ser um determinista). Aliás, em geral, espera-se dos novos ocupantes de uma posição, da apresentação de novas ideias ou renovação das práticas.

Mas existem limites: a não ser em casos excepcionais, mudanças radicais nem sempre são bem-vindas, e pode-se esperar resistência em vários níveis.

Por outro lado, às vezes, isso também pode abrir espaço para formas pessoais de dominação, no qual alguém utiliza seu cargo ou autoridade para criar um ambiente de medo, incerteza e angústia entre seus subornidados – por exemplo, com ameaças, assédio, demandas de prazos impossíveis, enviando mensagens a qualquer hora do dia ou da noite ou fazendo diferença entre os "amigos" e os "outros".

Instituições podem ser lugares de intenso sofrimento social e psíquico, de acordo com o grau de rigidez do lugar e das relações pessoais que se desenvolvem nesse microcosmos das interações cotidianas. E nem sempre esse tipo de procedimento é percebido. Às vezes, nem as pessoas afetadas tem meios de falar sobre esses acontecimentos. Os excessos de alguém, em um cargo, podem ser apresentados como parte do "modo de ser" da instituição, e eventuais críticas são recebidas com desconfiança e ameaças.

Regras e saberes

Há uma desigualdade, nas instituições, em relação ao acesso às informações. Enquanto a instituição tem acesso às informações do indivíduo, nem sempre, ou quase nunca, a recíproca é verdadeira. Isso pode levar a uma situação de constante incerteza dos participantes a respeito do que pode acontecer (a qualquer momento, na escola, o professor pode dizer "Prova surpresa!").

Mas instituições, você pode perguntar, não são formadas por regras? Como alguém pode "não saber" alguma coisa? Isso acontece porque nem todos os participantes de uma instituição conhecem, ou tem acesso, às normas e regras. Em alguns casos, isso seria muito difícil. Ao ser internado em um hospital, você não sabe quais são os melhores procedimentos para sua alta. Mesmo recebendo todas as informações da equipe, você não conhece os procedimentos – e até um profissional da área pode não ser especialista naquele problema.

Resistência dentro das instituições

Os indivíduos, por sua vez, desenvolvem estratégias diferentes para lidar com as instituições totais. Elas variam de acordo com a instituição e com a personalidade do internado, mas raramente deixam de existir. O objetivo também varia, podendo ir desde manter a autonomia e a identidade pessoal até garantir a sobrevivência física – Goffman, vale lembrar, está trabalhando com casos extremos.

A rebeldia direta costuma ser a estratégia mais complicada: a instituição costuma estar preparada para isso, com meios de dobrar, mais cedo ou mais tarde, a vontade do indivíduo. O sistema de punições costuma ser o suficiente.

Por isso, os participantes costumam buscar outras maneiras de resistir. Obedecer às regras, procurar se comportar de maneira exemplar, indo além do ordenado, pode significar algum prêmio – nas instituições totais, seguir em frente sem ser notado. A criação de vínculos pessoais com outros internos também rompe o isolamento institucional – e a identidade pessoal reaparece na forma da amizade. Finalmente, as resistências mínimas do cotidiano, na forma de ofensas veladas, piadas ocultas ou atribuir de apelidos a outras equipes, sobretudo dirigentes, podem ser maneiras de conservar aspectos pessoais dos participantes de uma instituição.

Após *Manicômios, Prisões e Conventos*, Goffman não retornará mais ao estudo das na instituições dessa maneira. O livro permanece como uma obra isolada em sua produção, mas teve amplos desdobramentos nos anos seguintes. Ao descrever uma situação, Goffman também lançou as sementes para mudar essa realidade.

Mas, antes de "mudar a realidade", precisamos fazer uma pergunta, talvez meio incômoda: o que, exatamente, estamos chamamos de "realidade"? A resposta está longe de ser óbvia, e Goffman dedicou anos de pesqsuisa a essa questão. O resultado foi o livro *Os quadros da experiência social*, de 1974, tema do próximo capítulo.

Sexta lição

Enquadramento: o que é a realidade?

> Todo texto se constrói como mosaico de citações, todo texto é absorção e transformação de um outro texto.
>
> Julia Kristeva, *Introdução à semanálise*, p. 68.

Você está atrasado para a aula. Deveria ter chegado há uns quinze minutos, mas houve um problema no caminho e só conseguiu chegar agora. É um dia normal de aula, não tem prova, trabalho ou atividade para entregar. Mentalmente você calcula o risco da professora chamar sua atenção pelo atraso, mas lembra que ela é legal e vai polidamente ignorar isso. Basta entrar sem chamar muito a atenção, lidar com o fato de todo mundo olhar para você por alguns instantes e ir para seu lugar.

Ao entrar, você vê que no lugar da professora está uma pessoa desconhecida. É bastante jovem, apenas um pouco mais velha do que a turma. Está falando em voz baixa, pausada e séria. Pode ser uma professora substituta, mas também algum aluno de outro ano com um recado ou informação. Todo mundo está prestando atenção – só olharam por um instante quando você entrou e voltaram a acompanhar o que ela diz. Nesses segundos iniciais ainda não é possível distinguir qual é o assunto. A certa altura, meio perdido, você chega ao seu lugar e pergunta para um colega: "O que é que está acontencendo aqui?"

"O que está acontecendo aqui"? Essa é a pergunta chave da *análise de enquadramento*.

A definição de uma situação

Os quadros da experiência social é um dos poucos livros de Goffman planejados como tal. Enquanto boa parte dos outros eram coletâneas de artigos, este foi ao mesmo tempo uma síntese e um desenvolvimento de ideias apresentadas até então, unidos ao redor do conceito de "quadro" ou "enquadramento". O título original é *Frame Analisys* – "frame" pode ser traduzido como "quadro", "enquadramento" ou "moldura".

Diante de qualquer situação, nossa primeira atitude é perguntar "o que é que está acontecendo aqui?" Para responder, precisamos colocar essa situação dentro de uma "moldura", isto é, as referências a partir das quais vamos atribuir sentido à cena.

Em linhas gerais, quadro ou enquadramento é um conjunto de referências que utilizamos para entender uma situação. A partir dele, organizamos nossa percepção da realidade ao redor e, a partir disso, decidimos como *agir* em relação a ela.

A ideia vem das artes visuais e se refere ao modo como uma cena é representada. Isso pode significar tanto seus limites, como na moldura de uma pintura, quanto o ângulo a partir do qual a cena será vista. No cinema, o enquadramento se refere à maneira como uma cena é filmada para criar um efeito. O ângulo a partir do qual vemos uma cena define *o que* será visto e *como* isso acontece. Goffman usa essa metáfora para explicar a maneira como definimos uma situação cotidiana.

Para usar um exemplo comum, imagine um filme de suspense. Estamos na cena do crime. A vítima vê o criminoso, mas nós não: ele fica *fora de cena* em relação ao espectador – só vemos a mão, com uma luva, segurando a arma, e aguardamos até o final para descobrir de quem era essa mão. O enigma é criado a partir de um jogo entre dois enquadramentos: como espectador, você não vê o vilão, mas a vítima viu quem a atacou. Provavelmente, no final do filme, nós vamos ver a cena do ponto de vista da vítima para descobrir o culpado.

A maneira como vemos alguma coisa interefere diretamente no sentido atribuído a ela.

Primeiro interpretar, depois ver

Em geral, aprendemos que primeiro a gente *vê* alguma coisa e depois interpreta o que viu. A ideia de enquadramento vai em outra direção: primeiro interpretamos, depois vemos. Isso acontece porque, diante de uma situação, *projetamos* o quadro esperado e procuramos encaixar os fatos dentro dessas expectativas. Naqueles microssegundos antes de abrir a porta da sala de aula para entrar, enquanto sua mão vira a maçaneta, você *projeta* o enquadramento "aula" na cena a seguir.

O enquadramento, para Goffman, é uma definição de situação – fazemos isso ao responder "o que está acontecendo aqui?". *Definir* uma situação significa atribuir sentido ao que está diante de nós. O problema é que, diante de uma cena, nem todo mundo usa o mesmo enquadramento.

Isso não significa adotar uma postura relativista ("cada um tem a sua verdade" ou "cada um enxerga o que quer") e encerrar o assunto. Esse o ponto de Goffman: os enquadramentos individuais de uma situação só valem se forem *compartilhados* por outras pessoas – e daí vem sua força.

Durante uma aula excepcionalmente ruim, posso virar para minha melhor amiga e dizer "nossa, isso não é uma aula". Paradoxalmente, essa expressão só faz sentido se a situação *for* uma aula – ou melhor, se nós dois definirmos a situação como "aula". Mas não só isso: a frase só vai ter o efeito desejado se dividirmos também o mesmo ponto de vista sobre o que é uma *boa* aula, ou ela poderia responder "ah, mas estou gostando".

O enquadramento pode ser entendido como uma espécie de metalinguagem: de certa maneira, é uma comunicação sobre a comunicação, uma *metacomunicação*, para usar uma expressão associada ao pesquisador Gregory Bateson, uma das principais influências do trabalho de Goffman. Bateson, em um texto chamado "Uma teoria sobre brincadeira e fantasia", notou que mesmo entre animais parecem existir *dois* níveis de comunicação – por exemplo, se você tem dois gatos ou dois cachorros, já notou que uma das brincadeiras deles é *fingir* que estão brigando, mordendo ou correndo um atrás do outro: ou seja, eles conseguem perceber, ao mesmo tempo, a ação e a mensagem "isto é brincadeira".

Dependendo da situação, uma mudança no tom de voz pode ser o suficiente para mostrar a passagem de um momento mais leve para outro mais sério. Além disso, o uso de palavras ou gestos mostra a mudança – arrumar-se na cadeira ou respirar fundo antes de um assunto mais complexo.

As referências usadas para entender uma situação mostram qual deve ser seu significado. A ironia, por exemplo, geralmente aparece quando há uma contradição entre o conteúdo da frase e as outras referências que uso para interpretá-lo.

Por exemplo, soube que uma amiga teve um problema mais ou menos sério pergunto como ela está. Ela responde "Não se preocupe, está tudo bem". Aparentemente, uma afirmação positiva. Mas o sentido da frase não depende apenas disso: o enquadramento mostra o que ela realmente quis dizer. A mensagem principal é a mesma, mas as referências que usaremos para compreendê-la são diferentes:

Enquadramento 01: ela fala em voz baixa, tom grave, poucos movimentos do corpo, ombros caídos, olhando para baixo. Sei que ela já vinha triste há algum tempo, e ela usa esse tom quando as coisas não vão bem.	**Enquadramento 02:** ela fala em voz alta, tom médio, balança a cabeça em tom afirmativo, corpo reto, ombros para trás, olhando no rosto. Pelo que sei, ela lida bem com esse problema e tem uma boa rede de apoio.
Essas referências enquadram a mensagem "Não se preocupe, está tudo bem" em um sentido negativo: não está tudo bem.	O enquadramento criado por essas referências confirmam a mensagem: "Não se preocupe, está tudo bem" significa realmente isso.

O enquadramento adiciona outra camada de significação à realidade. Podemos perceber isso na maneira como algumas expressões nos *preparam* para algo que vai ser dito ("atenção", "preciso falar seriamente com você") ou *reinterpretam* uma frase falada anteriormente ("estou só brincando!"). Nas mídias digitais, ao usar uma *hashtag* ou marcador, você mostra o enquadramento esperado em relação às postagens semelhantes. Por exemplo, em "não se preocupe, estou bem #sqn" – o marcador "#sqn" ("só que não") indica o contrário da frase anterior.

O inesperado e a reconstrução do quadro

Os quadros, pela sua repetição e utilização ritualizada, também podem ter um aspecto de *predição* das próxima ações em uma interação. Ser chamado pelo nome completo, por exemplo, geralmente não costuma ser um bom sinal: a formalidade quase sempre indica a seriedade das próximas mensagens.

Quando a cena se desenrola dentro de nosso enquadramento, isto é, das nossas expectativas a respeito dela, tudo parece perfeitamente normal. Se algo sai do roteiro, alterando o quadro esperado, precisamos retomar a questão "o que está acontecendo?" e rever a definição da situação. Buscamos um novo quadro de sentidos para ficarmos confortáveis.

Retomando o exemplo inicial, na sala de aula, se um colega explicar que é um aluno de outra turma avisando sobre um evento, há uma rápida reconstrução da situação: o enquadramento "aula" se torna "recado", e todos os outros elementos da cena também se transformam: a pessoa desconhecida se torna "colega de outra sala"; sua fala entra na categoria "recado", a duração deve ser de poucos minutos e logo retornaremos ao enquadramento "aula". A situação seria diferente caso fosse a coordenadora do curso: sua presença acionaria o enquadramento "informação oficial", gerando outras expectativas – e talvez a aula não volte tão cedo.

Nos dois casos, conseguimos etiquetar novamente todos os componentes do quadro à nossa frente e, com isso, diminuimos a tensão em relação ao momento.

Ambivalências e indefinição

Para uma interação com outra pessoa ter algum sucesso, é fundamental existir um mínimo de consenso entre os participantes sobre o que está acontecendo. Por exemplo, se um dos participantes duvidar da seriedade da situação, ou de suas consequências, sua participação pode assumir abertamente um caráter de desinteresse.

Em alguns casos, a ambiguidade em relação a qual enquadramento está valendo pode criar dificuldades para as pessoas definirem como agir no momento.

Por exemplo, nas relações afetivas, se uma pessoa está definindo a situação com o enquadramento "amor-da-minha-vida" e a outra pessoa com "vamos-sair-e-só-isso" há uma chance dessa assimetria causar problemas para ambos.

Como a verbalização de intenções nos primeiros estágios é rara ("antes da gente ficar, qual futuro você vê para nós dois?") há um sutil jogo de interpretações para compreender a situação ao longo das de interações – ficamos hoje, ficou só comigo (êêêê), mandou mensagem (êêêê), não mandou mensagem (humpf), curtiu meu *post* em rede social (êêêê), curtiu *post* da ex-pessoa (grrrr!), também curti *post* da minha ex-pessoa (ops!) e assim por diante. Cada um desses sinais ajuda a construir o enquadramento da situação, em um constante processo de definição e redefinição. No limite, chega-se à verbalização: "quer namorar comigo?" ou, talvez menos romântico, "estamos namorando?" (ou, menos romântico ainda, "que raios você quer comigo?").

A busca de segurança cognitiva

A ambiguidade cria uma região de insegurança e desconforto devido ao fato de que, apesar de você estar vendo e participando da ação, não sabe exatamente qual sentido deve ser atribuído a ela e como lidar com isso. Por isso, em momentos de angústia e incerteza, às vezes, nos agarramos à primeira informação disponível para sentirmos mais seguros, mesmo quando temos dúvidas sobre sua autenticidade. Algumas pessoas talvez prefiram acreditar em um enquadramento questionável a não ter nenhum.

Como, no efeito de enquadramento, primeiro interpretamos para depois ver, ninguém está imune da ilusão de considerar algo como verdadeiro apenas porque se encaixa em um de seus quadros. "Gênio", diz um antigo ditado, "é quem concorda conosco". Em termos de Goffman, "gênio é quem usa os mesmos enquadramentos que a gente".

O poder das informações falsas não está apenas em seu conteúdo, mas no fato de ele encontrar ressonância em nossos enquadramentos. Em geral, saudamos essas informações com expressões de reconhecimento e até certa satisfação – "Está vendo? Eu sabia!". Como, diante dos outros, a impressão de estar correto é sempre estratégica, os efeitos sociais do "eu disse!" podem ser devastadores em algumas situações, mesmo se forem baseados em informações falsas.

Porque enquadramentos têm consequências reais.

Enquadramentos e ação

Goffman retoma, com reservas, o "Teorema de Thomas", criado, como o nome sugere, pelos sociólogos norte-americanos William e Dorothy Thomas, em 1928. A proposição é simples: "Se as pessoas definem uma situação como real, elas serão reais em suas consequências". O modo como enquadramos uma determinada situação nos leva a agir em referência a esse quadro.

Uma vez, uma pessoa conhecida pensou existir, no lugar onde trabalhava, um movimento por sua demissão. De fato, a empresa estava em uma situação complicada, e a perspectiva de cortes poderia estar no horizonte. Mas nada indicava a presença do seu nome entre os que poderiam vir a ser desligados. A pessoa, no entanto, passou a ver, no comportamento de colegas e gestores, indícios de sua suspeita. Um amigo com quem comentou o caso tentou mostrar outro ponto de vista, mas foi imediatamente colocado como parte da "trama". A partir daí, a pessoa adotou atitudes rudes com os demais, gerando, após um tempo, sua demissão. Paradoxalmente, isso comprovou seu ponto de vista, embora a relação entre causa e efeito não fosse exata.

Essa ideia está próxima de outra, a "profecia autorrealizada" (*self-fulfilling prophecy*), delineada pelo sociólogo Robert K. Merton em seu livro *Sociologia: Teoria e Estrutura*: a definição de uma situação *leva* à sua confirmação. Por exemplo, quando um professor, antes de uma prova, diz "comigo todo mundo vai mal", pode, digamos, deixar um aluno nervoso e menos concentrando, levando-o a ir mal no exame – *confirmando*, involuntariamente, o ponto de vista sobre a situação.

No entanto, como lembra Goffman, é preciso haver fatos e indícios compartilhados para justificar a exisência de um enquadramento. Nos dois exemplos, o enquadramento se baseia em fatos *possíveis*: empresas podem ter problemas, provas podem ser difíceis. A validade de um enquadramento depende da existência de um mínimo de consenso dos outros sobre uma situação – ou seu julgamento pode ser colocado em questão por estar fora do considerado "normal" ou "aceitável".

O que está mesmo acontecendo aqui?

A pergunta inicial para a construção dos quadros, "O que está acontecendo aqui?", pode ser mais difícil de responder do que parece. Diante de uma mesma realidade, cada pessoa pode selecionar a parte que considera mais importante para definir a situação.

Neste exato momento, se alguém perguntar "o que você está fazendo?", há vários enquadramentos possíveis na resposta: "estou lendo um livro", "estou estudando para a prova", "estou trabalhando na minha pesquisa". Cada frase indica um enquadramento aplicado à situação de leitura, e todos são possíveis – alguém segurando um livro chamado *10 lições sobre Goffman* pode muito bem estar estudando para uma prova ou preparando um trabalho.

No entanto, há diferenças: o enquadramento "leitura para prova" pode ser visto como um pouco mais grave, enquanto "lendo", sem indicação da finalidade, poderia remeter também a uma leitura literária.

Essas diferenças são percebidas porque os quadros da experiência cotidiana, embora aplicados pelo indivíduo, são referências sociais das interações. Como as referências são compartilhadas pela sociedade, podemos, nas microinterações, utilizar enquadramentos comuns. Isso permite a compreensão mútua – mas com o risco de engessar um ponto de vista.

A fabricação de uma situação

Em casos extremos, a manipulação das referências na formação de um quadro podem levar à criação, durante um tempo, de uma realidade. Esse procedimento, denominado por Goffman de "fabricação", organiza todos os componentes de um quadro para produzir artificialmente uma experiência nos participantes. Esse tipo de procedimento requer um esforço muito grande, e sua eficácia tem um tempo limitado.

Em *Frozen,* o príncipe Hans das Ilhas do Sul chega ao reino de Arendel disposto a conseguir o trono. Seu plano inclui conquistar o coração de Anna, irmã mais nova de Elsa, a protagonista (falamos sobre ela também no capítulo sobre estigmas). Para isso, fabrica toda uma situação: se mostra interessado e atencioso, canta com ela o dueto de amor mais lindo do filme ("Love is an open door"), promete cuidar de Arendel durante sua ausência e ainda distribui cobertores para o povo. Apenas no final a fabricação é revelada, expondo suas reais intenções.

Envolvimento e quadros primários

Você já notou, em algumas festas de aniversário, como é difícil reunir o pessoal para cortar o bolo? "Hora do parabéns!" é anunciada dezenas de vezes e nada dos convidados deixarem a conversa ou as brincadeiras de lado. Só depois de algum esforço – *muito* esforço, em alguns casos – todo mundo fica ao redor da mesa. Uma pessoa, geralmente próximo ao aniversariante, puxa a música enquanto a maioria acompanha cantando e batendo palmas (ou fotografando e filmando com o celular).

Esse momento pode ser mais sério, quase solene, ou simplesmente motivo de piada – por exemplo, se alguém começa a cantar antes, propositalmente desafinado ou fora de ritmo.

Duas coisas podem acontecer: ou todo mundo olha feio para quem está fazendo isso, e há um *realinhamento* do momento, ou, ao contrário, as pessoas entram na brincadeira, e há uma *mudança de tom* da situação.

Em outras palavras, a definição de uma situação depende do *envolvimento mútuo* dos participantes, isto é, a maneira como todos, ou pelo menos a maioria, compreende e atua naquele momento. Nos pautamos uns nos outros para entender o quanto uma situação é séria ou descontraída, ou até mesmo se ela vale alguma coisa. Se, em uma reunião profissional, tudo já foi decidido de antemão, a situação é vista como sendo apenas *pro forma*, e "não vale" como "reunião" no sentido estrito.

Esse envolvimento não é apenas racional, no sentido de entender o que está acontecendo. Temos também uma ligação afetiva e emocional com o momento, compreendida e compartilhada pelas pessoas – por isso, no cinema, rimos ou nos emocionamos ao mesmo tempo diante de uma cena engraçada ou triste. Compartilhamos o enquadramento da situação não apenas com o filme, mas também com as pessoas ao nosso lado.

Ao mesmo tempo, reconhecer um enquadramento nos permite avaliar o *grau* de envolvimento esperado ou necessário em uma situação. Aprendemos a distinguir algo considerado "real" em relação ao denominado "ficção" ou "sonho", conforme o caso.

Ficamos emocionados com a morte de Darth Vader em *O retorno de Jedi*, mas sabemos não haver comparação, de modo algum, com os sentimentos diante de um conflito real entre pai e filho. Por quê? Porque nossos *quadros primários*, isto é, as definições de situação mais amplas, aprendidas desde pequeno e compartilhadas com boa parte da sociedade, nos permite experimentar uma situação como "ficção", enquanto a outra é "real".

Uma, aprendemos, está limitada à tela. Ao final os atores saem dos papéis e tudo volta ao normal. A outra é verdade, com consequências em nossa vida. A diferença depende de nossos quadros primários, auxiliando na identificação imediata de uma situação e no envolvimento esperado.

Enquadrando a leitura

Obra mais desenvolvida de Goffman, *Os quadros da experiência cotidiana* marca, também, a consolidação de várias ideias anteriores – a perspectiva dramatúrgica, a importância dos momentos em relação aos participantes, a concepção da organização da sociedade, com suas profundas divisões e marcas de desigualdade, se manifestando nas interações individuais. Se, em livros anteriores, ele havia estudado as condições da apresentação de si e dos rituais nas interações cotidianas, nesta são mostrados os aspectos cognitivos e afetivos ligados à nossa *experiência* das situações – nossa ideia de realidade e qual lugar ocupamos nela.

A partir disso, conseguimos reconhecer melhor todas as referências de um enquadramento. Especialmente, como vamos ver agora, seus componentes mais sutis – os símbolos de posição na sociedade.

Sétima lição

Símbolos, atitudes e posição social

> Os homens fazem sua própria história, mas não a fazem segundo sua livre vontade; não a fazem sob circunstâncias de sua escolha, mas sob aquelas circunstâncias transmitidas pelo passado.
>
> Karl Marx, *O 18 Brumário de Luís Bonaparte*, p. 15.

As irmãs Elinor e Marianne Dashwood estão com um problema. Elas não pertencem mais a seu lugar. Com a morte de seu pai, Henry, quase toda sua propriedade foi parar nas mãos do filho de seu primeiro casamento, John. As irmãs e a mãe, com uma pequena pensão, deixam o lugar onde moravam, uma luxuosa construção, e vão para uma casa afastada, bem menor. Educadas para um ambiente, as irmãs Dashwood agora estão em outro, ao qua não pertencem.

Essa trama está em *Razão e Sensibilidade*, de Jane Austen. Ao longo do livro, acompanhamos as transformações decorrentes de uma perda: não se trata apenas da mudança de casa, mas um símbolo de classe e *status* é alterado.

"Símbolos de classe e *status*" é também o título do primeiro artigo publicado por Erving Goffman, em 1951, no *British Journal of Sociology*.

Entre nós e os outros

Nas conversas do dia a dia, falamos em termos de "nós" e "eles" em algumas situações: "nós", o grupo ao qual você e o interlocutor pertencem e "eles", os outros. De maneira quase intuitiva, temos uma noção de identidade e diferença. Mas como demarcar isso? Se é fácil, no cotidiano, falar por exemplo em "ricos", "classe média" ou "pobres", como saber, com algum grau de precisão, quem é quem? Afinal, cada uma dessas palavras inclui várias nuances.

Quando usamos uma dessas expressões, estamos mostrando uma das principais características de qualquer sociedade: os processos de *diferenciação social*, os aspectos responsáveis por separar uma pessoa de outra – e, ao mesmo tempo, por reuni-las em categorias. Nos agrupamos de acordo com características e interesses comuns, e ficamos distantes de quem tem atributos diferentes. E, para mostrar isso no dia a dia, usamos os "símbolos de classe e *status*", como Goffman denomina.

Uma nota: Goffman usa a palavra "classe" (*class*) para indicar diferenças econômicas, mas em relação às condições de renda, não necessariamente de produção e trabalho. O sentido não deve ser tomado ao pé da letra.

Diferença e desigualdade

Os símbolos de classe e *status* são quase como etiquetas usadas para revelar, de maneira mais ou menos sutil, o lugar de uma pessoa na sociedade – e dos outros em relação a ela. Os processos de diferenciação social, ou seja, o estabelecimento de diferenças entre as pessoas, acontece sobretudo a partir da exibição (*display*) de características que *mostram* essas diferenças, desde o porte físico até o uso de determinadas roupas e adereços, do modo de falar à escolha de um determinado penteado.

Isso pode ser pensado a partir de uma comparação com o cinema ou em uma série de TV – lembrando que Goffman trabalha dentro dessa perspectiva dramatúrgica do cotidiano, como vimos no primeiro capítulo.

Para entender uma cena, você precisa rapidamente reconhecer as personagens envolvidas. Deve haver *pistas* de quem são, sob pena de não compreender a história. As características de um vilão, por exemplo, devem permitir identificá-lo facilmente. Pode haver uma surpresa narrativa quando padrões são modificados, mas não é possível deixar *todos* de lado, ou a compreensão da história ficaria mais difícil. Em certa medida, estamos à beira do clichê – que, com todas as críticas, ao menos permite o reconhecimento rápido de uma situação.

Nas interações sociais, diante de outra pessoa, você também procura *pistas* para identificá-la rapidamente. E todas as manhãs, ao montar sua *persona*, você traz indicações para ser reconhecido de uma maneira ou de outra.

Para isso, nos revestimos de símbolos ligados a determinados estilos de vida ou atividades. Eles mostram quem somos, enquanto indivíduos, porque permitem nosso reconhecimento como parte de um grupo.

A apresentação desses símbolos costuma acontecer em dois níveis: de um lado, mostram para o público geral a qual grupo a você pertence; de outro, no interior do próprio grupo, qual é sua posição. Alguém de terno, camisa social, gravata combinando e digirindo um carro de luxo pode ser reconhecido como sendo de um estrato social alto: a marca do terno ou o uso de uma caneta tinteiro exclusiva tende a ser percebida apenas pelos colegas acostumados a esses pontos.

O valor dos símbolos de classe

Os símbolos de *status* e vínculo são especialmente relevantes para distinguir as pessoas umas das outras. Não se trata, neste caso, de demarcar as diferenças culturais, mas as *desigualdades*. Goffman mostra como o uso de símbolos de *status*, têm, na vida social, a única finalidade de colocar "cada um no seu lugar" – e, de preferência, levar a pessoa a fazer isso por conta própria.

Os símbolos de uma posição aparecem nas roupas da pessoa, em sua maneira de falar, postura corporal e preferências estéticas. Em *A Distinção*, por exemplo, Pierre Bourdieu amplia essa noção de Goffman, mostrando que essas diferenças se manifestam no *estilo de vida* de uma pessoa. (Vale lembrar: o mundo social não é estático e estas são *aproximações*. Nada impede a existência de exemplos diferentes na dinâmica complexa da realidade).

Perto do estereótipo, talvez a um passo do preconceito, diferenças de classe e *status* podem ser vistas nas afirmações de vínculo com um grupo ("ele é do nosso tipo") e distanciamento de outro ("ah, melhor não se juntar com essa gente").

Como vimos, você aprende desde cedo quais são os símbolos de prestígio e reconhecimento, assim como os de menosprezo e descaso, e onde estamos nessa escala. Você viu, desde criança, exemplos de quem é "bem-sucedido" ou "fracassado"; e observamos as marcas do sucesso em séries de TV, filmes e notícias.

O aprendizado da vida social inclui um treinamento avançado em *classificações*. Notas, posições, *rankings*, tabelas de campeonato, marcas de desempenho, vitórias e derrotas são aprendidas desde cedo. Notamos as vantagens de vencer ou atingir certos níveis, percebemos as consequências sobre quem não consegue (principalmente quando somos nós).

Na prática, sentimos a alegria de ganhar um jogo na escola, a satisfação de receber um elogio na sala de aula, o bem-estar e a autoconfiança quando ocupamos uma posição de destaque. Conhecemos a tristeza da derrota, a humilhação de não ser o escolhido, o medo de nunca ser bom o suficiente.

A parte e o todo

A esta altura você pode perguntar se isso não varia de acordo com o grupo. Afinal, algo desprezado por um pode ser valorizado por outro. Sem dúvida, cada grupo tem suas próprias regras de atribuição de valor a algumas práticas, atitudes e ações. Nas Ciências Sociais, por exemplo, o uso de roupas formais não é significativo como no Direito – uma antropóloga raramente precisa obrigatoriamente usar o mesmo tipo de traje padrão para uma advogada ou juíza.

No entanto, Goffman está trabalhando com um cenário mais amplo: os símbolos de classe e *status* reconhecidos como válidos por toda a sociedade, ou pelo menos pela maior parte. Não interagimos apenas com as pessoas de nosso grupo imediato: no dia a dia, podemos ter contato com qualquer pessoa. Por isso, a manutenção dos símbolos *status* são relevantes para delimitar os espaços sociais.

Mas por que símbolos têm valor? De onde vem a importância atribuída a algo?

A raridade e o valor

Em linhas gerais, esse processo está ligado a dois fatores principais.

De um lado, a raridade. Quanto mais restrito for o acesso a algo, maior o seu valor. O acesso ao ensino superior é pequeno se comparado à educação básica, daí o alto valor social de se formar na universidade. Em uma organização, os cargos mais altos, com os melhores salários e benefícios, são poucos, e também tem os maiores graus de exigência de seus ocupantes. Mas podemos nos concentrar em qualquer outro detalhe do cotidiano.

Um relógio de grife feito à mão em edição limitada por uma das maiores marcas do mundo tende a ser quase inacessível. Por isso, sua posse é um fator de distinção. Não só pelo relógio em si, mas pelo valor associado a ele.

Um relógio desses não é vendido em qualquer lugar. Não basta ter o dinheiro, é preciso estar no restrito círculo de pessoas que sabe onde encontrá-lo. Preciso de colegas do mesmo nível para indicar isso. É necessário saber também como pagá-lo: talvez com um cartão de crédito de limite infinito. Seria excêntrico abrir a carteira e começar a contar o dinheiro "*sorry*, peraí, deixa eu ver se dá para completar. Quantos mil dólares mesmo?".

A posse do relógio permite advinhar o *porte* de seu proprietário. Daí o aparelho ser um símbolo de *status*: ele mostra, para quem souber ler a mensagem, "eu uso esse relógio porque pertenço a um grupo com o *poder* de usá-lo. Eu uso porque *eu posso*".

De outro, sua procura. A raridade de um produto, um cargo ou um título não é suficiente para garantir um valor alto. A procura também deve ser alta – se uma coisa é rara, mas ninguém quer, talvez não faça diferença.

O valor de algo, na sociedade, tem um poderoso elemento regulador: os outros. Saber que você quer alguma coisa pode torná-la mais importante aos olhos de outra. Afinal, se você está atribuindo tanta importância a esse cargo ou produto, talvez seja bom mesmo. Isso gera um aumento na procura e, consequentemente, maior disputa por ele.

Direitos e obrigações

Símbolos de *status* demarcam as fronteiras simbólicas de um grupo social, mostrando quem está "dentro" e quem está "fora" – e, de preferência, as vantagens de pertencer a ele. O vínculo com um grupo social oferece direitos e deveres aos seus participantes, referentes ao *status* ocupado pela pessoa. Alguns são definidos em estatutos e normas, mas, em sua maior parte, são reconhecidos tacitamente pelos integrantes de um grupo e pelas pessoas ao redor.

Um título universitário, por exemplo, concede em muitos casos o direito a exercer uma profissão. Mas, ao mesmo tempo, oferece acesso a todo um universo de códigos, práticas e valores relativos à profissão: o modo de falar, a maneira de se vestir, os horários, o uso de um vocabulário específico e até a preferência por frequentar determinados lugares (e *não* outros) são símbolos utilizados para demarcar a condição da pessoa em relação às outras.

Em alguns casos, os símbolos de classe e *status* se manifestam também nos direitos que algumas pessoas se atribuem ("você sabe quem eu sou?") ou quando deixam de lado regras de polidez ou educação ao lidar com pessoas em cargos ou situações de menor prestígio – por exemplo, deixando de lado o "por favor" ou o "obrigado".

Pertencer a uma classe significa incorporar as *atitudes* dela. Saber se comportar, saber o que pode ser feito em uma situação ou não, adotar atitudes para ser rapidamente identificado como parte do grupo são importantes formas de diferenciação.

Adotar ideias, atitudes ou práticas de outra classe significa muitas vezes perder o direito ao uso dos símbolos e da frequência aos espaços de sua origem – não por acaso, a ficção costuma explorar esse tipo de conflito a respeito do lugar ao qual alguém pertence.

No filme *My Fair Lady*, de 1964, a vendedora de flores Eliza Doolittle, vivida por Audrey Hepburn, contrata o intratável professor Henry Higgins, personagem de Rex Harrison, para torná-la uma dama da sociedade. Isso inclui aprender a falar de acordo com a norma culta, refinar seu vocabulário e a se comportar nos altos círculos da sociedade inglesa. Em uma cena, Eliza está assistindo uma corrida no elegante hipódromo de Londres e, na torcida por seu cavalo, deixa escapar ("Vamos, Dover! Mexe esse maldito traseiro!").

Daí a dificuldade de uma interação social na qual existe uma perda de posição, e as estratégias disponíveis para resolver essa dificuldade.

Esfriando a situação de perda de status

Você já tomou a iniciativa de terminar um relacionamento? É uma das atitudes mais complicadas de qualquer ligação afetiva. Existem milhares de maneiras de fazer isso, e nenhuma é legal. Quando é no calor de uma discussão, ironicamente talvez seja um centímetro menos difícil (não existe "mais fácil"): os ânimos agitados encaminham a situação. Há, no entanto, momentos nos quais o anúncio do término não é esperado por uma das partes, pelo menos não agora. Essa interação, em sua complexidade, está ligada a uma mudança simbólica.

Qualquer alteração no *status* de alguém tende a ser complicada. Em alguns casos, essa transformação leva a uma grande mudança na autorrepresentação de alguém: de uma hora para outra, seus direitos e deveres relativos ao vínculo com uma pessoa ou um grupo são modificado. É mais fácil quando essa mudança é para melhor, sem dúvida, embora também leve algum tempo para a pessoa se acostumar com a nova posição. Mas e quando a mudança é negativa? Como lidar quando alguém acabou de perder uma posição, ou teve seu *status* alterado para baixo?

Goffman responde a essa pergunta em um texto publicado em 1952 na revista *Psychiatry*, intitulado "On cooling the mark out: some aspects of adaptation to failure" – há uma tradução brasileira de Jordão Horta Nunes com o título de "Esfriando o otário: alguns aspectos da adaptação ao fracasso".

A utilização de estratégias para reduzir os danos causados por uma má notícia é um procedimento comum quando é preciso revelar dados desconfortáveis para alguém. O objetivo é diminuir, o quanto possível, o impacto da informação e evitar, no limite, uma atitude excepcionalmente negativa da outra pessoa.

O exemplo do final de um relacionamento é de Daniel Usera, professor da Universidade de Austin, no Texas, em um estudo sobre as técnicas de "esfriar" a pessoa. Sua pesquisa, intitulada *Cooling the mark out in relationship dissolution* mostra uma série de estratégias utilizadas para garantir alguns aspectos da autoestima da pessoa com quem se está rompendo.

Quando o *status* está sendo modificado (de "namorado" para "ex-namorado"), busca-se uma preservação da face a partir de alguns procedimentos – a escolha de um lugar especial, longas explicações, assumir a responsabilidade ("o problema não é você, sou eu"), indicar uma questão de momento ("preciso de um tempo") ou fatores externos ("não tenho tempo para namorar agora"). Em alguns casos, há uma tentativa de mudar o *status* sem uma ruptura total ("vamos continuar amigos").

Seria possível acrescentar, pensando no ambiente das mídias digitais, a diminuição na frequência de contatos, quando a pessoa vai sumindo aos poucos, o chamado *ghosting*, a ação de ignorar mensagens e, no limite, bloquear o contato.

Os métodos para "esfriar" a pessoa por um dano sofrido em sua identidade têm como objetivo tornar esse tipo de interação menos difícil para os envolvidos. O exemplo do final de um relacionamento é forte, mas encontramos situações parecidas quando alguém precisa representar um papel duplo: ser, ao mesmo tempo, a origem da notícia ruim e a primeira tentativa conforto de quem perdeu o *status*.

Os territórios de si

Neste exato momento, quanto espaço você tem para ler?

Se você está em um ônibus, não deve ser muito mais do que alguns centímetros no banco, ou menos ainda se estiver em pé. Você é só mais um passageiro, e não tem nenhum direito além dos outros – não pode dizer, por exemplo, "ei, falem mais baixo, estou lendo".

Ler sozinho no próprio quarto apresenta outro panorama: provavelmente o espaço é maior e consideravelmente mais *pessoal*, com seus objetos, seus móveis, sua decoração, sua história incorporada em cada detalhe.

Na sala, com a família, é diferente: ao contrário do quarto, ela é compartilhada, e provavelmente reflete outros gostos e estilos além do seu (isso quando o seu é levado em consideração).

Esses exemplos mostram como o lugar onde estamos faz toda a diferença na maneira como nos representamos – e como os outros nos vêem. O espaço não é apenas um lugar que ocupamos por acaso: em *Relations in Public*, Goffman chama esse tipo de espaço habitado de *território de si*.

Em linhas gerais, trata-se do espaço, físico ou simbólico, ocupado por uma pessoa na interação com as outras. Isso pode ir desde os poucos centímetros reservados para cada pessoa em um elevador até um apartamento: não é o tamanho que define o território de si, mas a maneira como *deixamos nossa marca* nele, transformando um lugar qualquer no *nosso* ambiente.

Ter o próprio espaço é importante para definir nossa identidade. Organizamos o espaço ao nosso redor para nos sentirmos *confortáveis* nele. Isso vale desde a decoração de uma casa até o simples ato de colocar objetos pessoais na mesa de trabalho. O espaço deve dizer alguma coisa *sobre nós* e *para nós*. Ele mostra quem somos, nossos interesses e até algumas pistas sobre nossa visão de mundo.

A *impessoalidade* de alguns ambientes costuma ser incômoda exatamente porque não há nenhum símbolo ou detalhe para mostrar sua proximidade conosco. Quando entramos em um quarto de hotel, por exemplo, podemos colocar alguns objetos pessoais à vista para deixar o lugar mais familiar e acolhedor. Quando estamos em um ambiente impessoal, estamos longe de nós mesmos – isto é, das marcas que nos lembram quem somos.

O território de si é delimitado de várias maneiras. Às vezes, o limite é físico, como no caso das paredes e da porta de um quarto. No local de trabalho, a fronteira pode ser o espaço entre as mesas ou pelo menos o perímetro do computador. No transporte público, são os centímetros de um assento ou, quando está lotado, praticamente o limite do próprio corpo.

Proximidade e território de si

O território de si regula a proximidade das pessoas durante as interações.

Um estranho pedindo informações na rua vai se manter a uma distância maior do que você manteria em uma conversa com seu melhor amigo. A proximidade geralmente tem a ver com o interesse e a gravidade do assunto: um assunto delicado é tratado em tom mais baixo, com as pessoas mais perto uma da outra.

Em uma reunião de trabalho, se o colega ao lado se aproxima, você imagina que ele fará um comentário mais pessoal – caso contrário, não haveria porque ultrapassar a fronteira do território de si para ficar mais perto. Quando entramos em um elevador, procuramos ficar afastados de outras pessoas. Se entra mais gente, nos esforçamos para *continuar mantendo* um mínimo de distância até chegar ao limite.

Ultrapassá-lo é invadir o território de alguém e desafiar as regras de conduta – daí o incômodo quando uma pessoa fica muito próxima ou muito distante durante uma conversa: não há regra dizendo a quantos centímetros devemos ficar, mas aprendemos a reconhecer a distância "certa".

Arqueologia do futuro

Símbolos de classe e *status* mostram a quais grupos pertencemos – e, por tabela, quem somos. Dentro de alguns séculos, um historiador ou uma arqueóloga talvez consiga arquivos de nossa época e tente entender porque produzimos tantas imagens de nós mesmos. Tantas *selfies*. E não é só criar a imagem, mas também colocá-la em circulação nas redes e mídias digitais, esperando comentários e curtidas.

Nossa pesquisadora do futuro talvez se perguntasse a razão de tantas imagens. Quantas vezes, de verdade, as pessoas vão mesmo *rever* alguma delas? E, principalmente, de onde vieram esses padrões? Poderia suspeitar de alguma relação com sua circulação em redes sociais. Apesar do nome *selfie* ser um diminutivo de "self-portrait", "autorretrato", são direcionadas sobretudo para os outros.

E, portanto, precisam seguir critérios, os símbolos da posição na sociedade. E poucos lugares são tão visíveis quanto na mídia, seja em uma *selfie* ou na sua série de TV preferida. Exatamente o tema do próximo capítulo.

Oitava lição

Olhando para a mídia: dos movimentos do corpo às redes digitais

> Mas, seja qual for a razão, considero que criar cenas é minha maneira natural de demarcar o passado. Uma cena sempre sobe à superfície, organizada, representativa.
>
> Virgínia Woolf, *Um esboço do passado*, p. 133.

Apesar de ter escrito pouco sobre mídia, a obra de Goffman encontrou um lugar especial nos estudos dessa área. Como lembra Espen Ytreberg, no artigo "Erving Goffman as a theorist of mass media", apenas um de seus livros, *Gender Advertisement* (1979), trata diretamente do assunto. Outro trabalho, o artigo "Radio Talks", foi incluído em *Forms of Talk* (1981). Não se trata propriamente estudos de "mídia" no sentido de dedicarem atenção às questões

133

técnicas do rádio ou da publicidade, mas das interações sociais vistas nesses meios.

No caso de *Gender Advertisement*, Goffman estuda a maneira como a interação entre homens e mulheres é representada nas imagens publicitárias. Em "Radio Talks", seu objeto são os erros cometidos no ar, como troca de palavras, esquecimentos, instantes de silêncio e falhas semelhantes, vendo como esses constrangimentos podem ser corrigidos – e as consequências quando isso não é possível.

Entre mídia e comunicação

Para entender a natureza dos estudos de Goffman sobre o assunto, precisamos parar um minuto nos conceitos de mídia e comunicação. As palavras são próximas, mas estão longe de ser sinônimos.

"Mídia" vem do latim *media*, plural de *medium*, "meio". No cotidiano, costumamos usar a palavra em pelo menos três sentidos: (1) aparelhos técnicos, como *tablets*, televisões e *smartphones*, ou plataformas de vídeo ou redes sociais; (2) as grandes corporações, responsáveis pela produção de conteúdo ou gerenciamento de plataformas e (3) o conteúdo produzido pelas corporações e veiculado pelos meios técnicos, como séries de tv, podcasts, aplicativos, vídeos e filmes. Podemos falar dessas três dimensões da mídia em conjunto ou separado, sem problemas.

Em todos esses casos, estamos falando de um tipo de interação realizada *através* de um meio, isto é, uma relação *mediada*. Ao falar com sua melhor amiga via *smartphone*, a relação é entre seres humanos, mas mediada pela tela, pelo aplicativo e por um sinal digital. Do mesmo modo, quando você acompanha Luke, Lea e Han Solo em sua jornada contra o Império em *Star Wars*, a narrativa também é *mediada*: você assiste em uma *SmartTV* algo criado por uma empresa, produtora do conteúdo.

Comunicação, no entanto, é um conceito mais amplo. A palavra vem do latim *communicare*, o ato de tornar comum (*communis*), isto é, compartilhar, dividir e participar de alguma coisa – por exemplo, quando você menciona "o quanto tem em comum" com outra pessoa.

A interação humana é entendida de um ponto de vista *relacional*: comunicação é a relação entre pessoas que trocam símbolos para a criação de algo em comum. Por isso, um de seus aspectos centrais é a *alteridade* – do latim, *alter*, "outro": comunicação é a experiência de aprender o outro e se deixar aprender pelo outro. Um gesto, uma troca de olhares, um movimento do corpo, uma meia-palavra quase não dita, assim como um longo discurso: esses elementos, direcionados aos outros na criação de algo em comum, podem ser formas de comunicação.

A preocupação de Goffman com a comunicação parece começar ainda em sua tese de doutorado – o título, vale lembrar, é *Communication and conduct in an island community*, "Comunicação e conduta em uma comunidade de uma ilha". Evidentemente, ele não estava estudando a "mídia" das Ilhas Shetlands, mas as interações entre as pessoas. Na primeira parte de outro livro, *Strategic Interaction*, ele desenvolve seu conceito de comunicação na perspectiva relacional, e o tema reaparece em outros textos.

A preocupação é compreender como as pessoas agem a partir da troca de símbolos – palavras, gestos, mensagens em aplicativos ou qualquer outra forma de expressão. Isso, claro, dentro de um contexto: se não houver um mínimo de consenso sobre alguns pontos iniciais, como o significados dos gestos ou das palavras, a comunicação fica bem difícil, quando não impossível.

Goffman pode não ter sido autor de uma teoria da mídia, mas sua obra encontrou ampla ressonância nos estudos de Teoria da Comunicação. Vale destacar esse ponto.

Fatos e enquadramentos

Como vimos no capítulo 6, o enquadramento pode ser definido como o conjunto de referências utilizadas para definir o que está acontecendo em uma determinada situação. Vimos também como aprendemos a usar essas categorias sociais de classificação na interação com os outros. Mas deixei de lado, propositalmente, uma das referências a partir da qual construímos o enquadramento da realidade: a mídia.

Boa parte de nosso conhecimento sobre a realidade vem de histórias contadas por outras pessoas. Na verdade, nossa experiência do chamado "mundo real" é bem pequena: conhecemos diretamente apenas os eventos que vivemos ou presenciamos. Tudo mais chega até nós na forma de relatos. Posso, evidentemente, desconfiar de uma história e ir verificar. No entanto, na maioria das situações, isso não é possível, e dependo de fontes confiáveis para conhecer a realidade.

Uma parcela considerável das nossas informações sobre o mundo além da nossa rua chega pela mídia, do rádio e da televisão até as mídias digitais. E, quando contam uma história, oferecem também o *enquadramento* do fato. Não recebo não apenas os fatos, mas também sua *interpretação*.

Se o assunto não me diz respeito diretamente, talvez me contente com essa única fonte de informação e adote seu enquadramento do assunto, sem necessariamente perceber isso. Fazemos isso o tempo todo por uma questão de interesse e conforto: não é possível checar absolutamente *todas* as informações recebidas. O risco, no entanto, é tomar *um* enquadramento como sendo *a* verdade sobre uma situação.

O enquadramento é parte de qualquer narrativa, mas se manifesta com força nas notícias.

Enquadramento da mídia e construção da realidade

Ao ler qualquer notícia, temos *uma* visão dos fatos. Pode, e deve, ser feita com critério, pautada na apuração e checagem dos fatos, na medida do bom jornalismo. Mas apenas uma das versões chegará ao título. Essa escolha, mesmo feita de acordo com todo o rigor do jornalismo, pode direcionar nossa visão do fato, isto é, *enquadrá-lo* dentro de um conjunto de referências.

Quando fala de um fato, *como* a mídia se refere a ele? A título de exemplo, se o assunto é "Oriente Médio" ou "África", quais imagens imediatamente vem à sua mente? Para pensar, quantas vezes você viu uma notícia sobre a *cul-*

tura dos países dessas regiões fora de publicações especializadas? Historicamente, esse não é o foco mais destacado, e isso pode mexer com sua visão sobre essas regiões.

Se, em um exercício, você comparar as notícias a respeito de um mesmo acontecimento, vai encontrar semelhanças e diferenças de enquadramento na maneira como essas histórias são contadas, e isso muda sua leitura da situação.

Às vezes essa diferença é sutil. Por exemplo, uma medida do Ministro da Economia pode ser noticiada como "Ministro da Economia propõe valorização do Real", destacando a pessoa, ou "Ministério da Economia propõe valorização do Real", colocando o ministério, não o ministro, como protagonista.

Podemos ir mais longe.

Uma notícia sobre o sistema tributário pode mostrar duas realidade diferentes: se leio "Brasileiro paga cem milhões de imposto por ano", o sujeito é o cidadão, sobre quem incidem os impostos (expressão com ressonâncias negativas). O mesmo fato pode ser mostrado de outra maneira: ao dizer "Brasil arrecada cem milhões por ano", a palavra "imposto" desaparece, assim como o cidadão: em seu lugar, entra o Estado, e de maneira mais positiva. Diferenças de enquadramento podem alterar o sentido de um fato sem mudar uma vírgula do acontecimento, apenas dando mais visibilidade a um aspecto em vez de outros.

O solista e o coro

As informações falsas no ambiente das mídias digitais usam os mesmos enquadramentos das verdadeiras – tem o mesmo estilo, digamos, de uma notícia. Usa manchetes, uma linguagem factual, pode trazer especialistas e até mesmo apresentar alguns fatos, mas organizados de maneira a construir um sentido diferente, às vezes oposto, ao planejado. Como indicava Platão em seu diálogo *O Político*, escrito há mais de dois mil e quinhentos anos, a melhor maneira de simular alguma coisa é deixá-la parecida com a verdade, mas alterando o principal.

Isso explica também porque certos discursos encontram ressonância na sociedade: não se trata da opinião isolada de uma ou outra pessoa, mas de enquadramentos compartilhados.

O problema não é o solista, é o coro: um discurso sem ressonância nos enquadramentos existentes em uma sociedade simplesmente não seria levado a sério – talvez sequer fosse compreendido.

No caso extremo, uma informação falsa, mas adequada aos quadros de sentido de um grupo, pode ser levada à sério, enquanto uma verdadeira, mas contrária às referências talvez não seja. Isso ajuda a compreender porque podemos dar ouvidos a informações imprecisas, incorretas ou falsas desde que se encaixem em nossos enquadramentos.

Quem conta a história?

Você já notou como a maioria das sagas da cultura pop é narrada pelo lado do herói? Conhecemos *Star Wars*, *Harry Potter* e *O Senhor dos Aneis* acompanhando uma pessoa – Luke Skywalker, Harry Potter e Frodo. Mas isso é apenas *uma* versão: como seria a história se fosse contada por outras personagens?

Darth Vader teria algo a dizer sobre seu filho rebelde? Como Hermione se sentia em relação às atitudes de Harry e Rony? E quais outros aspectos Gandalf via nas aventuras sobre o Anel? (Tempos atrás circulou nas mídias digitais um meme, utilizando a fonte e a paleta de cores da franquia *Harry Potter*, mas com Valter Dursley como protagonista e o título *Tio Valter e o Sobrinho Ingrato*. Logo abaixo, a frase: "Tudo é questão de ponto de vista").

Esse exercício de mudar ou inverter histórias ajuda a entender uma das características do enquadramento: se algumas coisas se tornam visíveis, outras desaparecem, e isso muda de acordo com o quadro de sentido usado para definir uma situação. Algo secundário em um ponto de vista ganha o primeiro plano em outro.

Em alguns casos, o enquadramento é construído a partir de diferenças de vocabulário: uma vez, em um estabelecimento comercial, a placa "Proibida a entrada de animais" foi substituída por "Seu *pet* é bem-vindo do lado de fora". No lugar do "proibido", negativo, o "bem-vindo", mais simpático. Mas o significado é o mesmo: nada de bichos dentro da loja.

O enquadramento publicitário

As mudanças de enquadramento de um fato não são exclusividade do jornalismo ou do entretenimento. Na publicidade, o destaque de um produto, ideia ou serviço se refere ao melhor de seus aspectos, propondo um quadro de sentido referente ao elemento oferecido.

Em *Gender Adversisement*, Goffman estuda a maneira como homens e mulheres são retratados nas fotografias publicitárias. Sua preocupação é observar as interações sociais mostradas nas propagandas – e qual outro lugar para ver isso além das fotografias?

Goffman toma os retratos como momentos sociais congelados, permitindo a observação de detalhes das interações. Com isso, é possível compreender o sentido de cada posição do corpo, ação ou gesto. Daí a "mostra de gênero" (*gender display*) corresponder a representações e expectativas sobre o tema – as imagens, explica, mostram um retrato considerado "ideal" dos gêneros e suas relações.

O enquadramento nasce da repetição desses aspectos, imagem após imagem. Não se trata de coincidência, preferência de quem tirou a foto ou da equipe de planejamento da peça publicitária. É possível, a partir dessas imagem de interações, entender os sitemas de valores mais profundos e enraizados na sociedade. As fotografias, baseadas nesses valores, tornam-se *compreensíveis* para o público – e, claro, vendem seu produto.

Ao longo do estudo, reforçado por centenas de ilustrações, Goffman mostra as diferenças de gênero reproduzidas nas propagandas, com o homem sempre em uma posição de maior prestígio social – trabalhando fora enquanto a mulher se dedica a tarefas domésticas, mostrando algo novo a ela, explicando ou ensinando alguma coisa, tomando atitudes de proteção ou em primeiro plano nas situações.

Como sempre, concentra-se nos detalhes do que chama de "ritualização da subordinação": mulheres sorrindo, em planos mais baixos, sentadas ou ajoelhadas, e de maneira descontraída, cercadas de crianças, em uma vinculação com a maternidade.

Goffman destaca a "hiper-ritualização" das fotografias publicitárias, caracterizada pelo exagero, simplificação e padronização das imagens do homem e da mulher. E, em todas elas, um ponto: a atenção aos gestos, expressões e posicionamentos corporais. Estudando a mídia, encontra novidades na comunicação.

Movimentos, gestos, expressões

Reunião de trabalho. Você fez uma ótima sugestão, mas o gestor não aceita. Você não pode protestar verbalmente, mas seu corpo faz isso: um leve movimento para trás, na direção do encosto da cadeira, acompanhado de uma respiração um pouco mais intensa e um deslocamento do olhar, do rosto da pessoa para algum ponto indefinido, como a tampa da mesa ou a parede, onde não terá de enfrentar ninguém nem assumir a perda de face de ver sua ideia rejeitada.

Restaurante. Você entra e, na primeira mesa, está uma pessoa com quem brigou recentemente. Não há como dar meia volta ou usar outro caminho. A solução é baixar os olhos rapidamente e procurar outra coisa para olhar – digamos, uma samabaia na parede que se torna, de repente, incrivelmente interessante. Nada de tirar os olhos dela até passar pela pessoa.

Conversa pessoal séria em um café. Amigo com problemas graves, deve tomar uma decisão e vem falar com você. Está terminando de explicar a situação. Você não precisa dizer o quanto está preocupado, seus movimentos farão isso: quando ele para de falar, você move o corpo um pouco para trás, junta os dedos das mãos, respira fundo e balança ligeiramente a cabeça, apertando um pouco os lábios.

Os movimentos do corpo são culturalmente definidos para expressar um significado.

Ray Birdwhistell, professor e mais tarde colega de Goffman, foi um dos pioneiros no estudo da linguagem corporal e, em suas aulas, chamava a atenção para os aspectos culturais dos movimentos.

Ele criou uma área chamada "cinésica" (*kinesics*), o estudo dos movimentos humanos (de *kino*, "movimento", em grego, de onde a palavra "cinema"). Em seu livro *Kinesics and Context* ("Cinese e Contexto"), Birdwhistell faz uma proposição ousada: apenas 30 a 35% de nossa comunicação é verbal. Todo o resto depende de nosso corpo. Em suas pesquisas, explorava não só os gestos e as expressões, mas também o modo de andar, balançar os braços e até movimentos quase imperceptíveis, como um pequeno movimento de olho ou uma franzida no rosto.

A partir dessa base, Goffman mostrou como os movimentos e os gestos são peças básicas de comunicação nas interações sociais.

Como estamos acostumados a esse tipo de comunicação corporal, só notamos sua força quando, por algum motivo, algo não funciona como deveria. Por exemplo, se dou uma notícia chocante, e a pessoa continua me olhando com a expressão da samambaia do restaurante, vou ter dúvidas se ela prestou atenção. Para perguntar, desmonto a expressão usada ao dar a notícia (olhos apertados, sobrancelhas aproximadas, ombros, nariz e boca ligeiramente projetadas para frente) e substituo pela indignação com a falta de atenção (mudar no tom de voz, movimento de cabeça um pouco fora do eixo horizontal, como se estivesse mudando de linha discursiva).

Nessas três situações, a maior parte da interação é regida por movimentos e expressões corporais. Nas atitudes do corpo, gestos e expressões faciais, nada é gratuito ou por acaso –

cada mínima ação comunica algo dos nossos pensamentos.

O corpo de uma pessoa em uma situação difícil, ao pedir ajuda a outra, é retraído: cabeça ligeiramente abaixada, olhos alternando entre o interlocutor e o chão, mãos voltadas para a parte da frente, prestando total atenção nas palavras da outra pessoa – pode ser a ajuda esperada. Quem está em uma posição confortável mostra isso pelo movimentos mais amplos, no balanço dos braços e no tamanho dos passos, assim como no rosto voltado para frente.

Na sala de espera de um consultório médico, os olhares são cuidadosamente evitados: quando se cruzam há uma preocupação em desviar e voltar a encarar o nada. A persistência poderia significar a intenção de começar uma interação.

Mesmo em um transporte público lotado, se uma pessoa para na sua frente e fica olhando diretamente nos seus olhos a sensação de desconforto é inevitável. Uma vez, no metrô, durante o horário de pico, um senhor parou diante de outro e ficou olhando diretamente para seu rosto, de olhos bem abertos. O outro olhava alternadamente para os lados e para o teto, tentando escapar, mas voltava a encontrar o olhar do primeiro (a tensão diminuiu só duas estações depois, quando ambos desceram).

Em qualquer interação social, o corpo é o primeiro e mais destacado elemento de comunicação. Embora talvez se preste mais atenção à linguagem verbal e ao conteúdo, uma boa parte da comunicação acontece a partir dele.

As microexpressões do corpo-mídia

Isso acontece de diversas maneiras.

Gestos, por exemplo, seguem e reforçam a comunicação verbal. A frase "aí eu cheguei lá e falei: 'escuta, você...'", em alguns casos, pode ser acompanhada de um movimento da mão se distanciando do corpo e apontando um lugar indefinido, mas representando o "lá", enquanto um movimento simétrico dos dois braços para baixo pode ilustrar os dois pontos (exato, nossos gestos podem mostrar até sinais de pontuação) e o questionamento junto com a palavra "escuta...".

Os posicionamentos do corpo também são culturalmente definidos: sabemos a qual distância ficar da pessoa à nossa frente em uma fila. Mesmo que o lugar esteja lotado, manter certa distância é entendida como uma forma de respeito e educação. Mas o contrário também vale: se deixo um espaço muito grande em relação a quem está na minha frente, há protestos ("anda!", "olha a fila!").

Expressões faciais acompanham e reforçam o sentido de uma conversa, não apenas mostrando o conteúdo, mas também as reações do outro. Quando dou uma notícia ruim, espero uma expressão de espanto no rosto do interlocutor, sobrancelhas erguidas, olhos arregalados, levantando um pouco a cabeça ("nossa!"): o instante seguinte, mais resignado, é mostrado por uma uma breve projeção da boca e da parte inferior do rosto para frente ("puxa vida…").

Esses movimentos podem durar décimos de segundos, mas são suficientes para compreender as mensagens. Estamos acostumados com esses significados não só porque já os vimos milhares de vezes, mas porque fazemos o mesmo.

Uma respirada forte, acompanhada de um movimento em arco da cabeça levemente erguida, e com os olhos se movento para cima e imediatamente para o lado, sempre desviando do campo do interlocutor, pode indicar um profundo desconforto com a situação (mais forte ainda se a pessoa falar um "tudo bem", ao final do movimento, reforçando o *"não está* tudo bem").

As expressões e os movimentos do corpo são uma espécie fundamental de enquadramento de uma situação: elas permitem ver e entender, rapidamente, se estamos falando sério ou brincando, se o momento é grave ou leve, se estão reforçando ou contradizendo as expressões verbais.

A comunicação como interação

Goffman sempre estudou as interações a partir das Ciências Sociais. Nunca parece ter lhe ocorrido ser um pesquisador da comunicação ou da mídia – não sem uma ponta de ironia, área na qual suas contribuições rendem ótimos frutos.

Embora seu objetivo não fosse criar um método ou uma teoria, seu trabalho se destaca por ter aberto novos caminhos também nesses pontos. Vale, nos dois últimos capítulos, olhar mais de perto as questões de método e os aspectos teóricos de sua obra.

Nona lição

Os métodos de Goffman: como olhar em escala micro

> "Você vê, mas não observa.
> A diferença é clara".
> Arthur C. Doyle, "Um escândalo na Boêmia", *As aventuras de Sherlock Holmes*, p. 251.

> "Aqui está minha lente.
> Conhece meus métodos.
> O que pode perceber da personalidade do homem que usou este objeto?"
> Arthur C. Doyle, "A pedra azul", *As aventuras de Sherlock Holmes*, p. 379.

Este capítulo começa com uma situação da qual você certamente já participou. O professor entra na sala de aula, cumprimenta todo mundo e diz: "Turma, vamos fazer um trabalho em dupla hoje". Até aí, tudo bem. Mas ele acrescenta: "Vamos lá, junte-se com seu melhor amigo para a gente começar".

Imagine, nessa sala, um grupo de quatro pessoas – os nomes foram escolhidos de acordo com sua frequência em alguns espaços na última década: Isabela, Pedro, Giovanna e Vitória (nomes são um poderoso indicador do lugar ocupado por alguém na sociedade e revelam algo a respeito de sua origem social).

Eles estão sentados nesta disposição:

O professor disse "junte-se com seu melhor amigo".

Vamos ver a cena em câmera lenta, decupando como se fosse um filme. A ação real duraria de dois a três segundos.

Isabela vira-se para Pedro.

Mas Pedro vira-se para Giovanna

Que já está olhando para Vitória

Que vai fazer o trabalho com J. Pinto Fernandes que não tinha entrado na história.

(Poderia acabar como o poema de Carlos Drummond de Andrade, mas vamos em frente).

Giovanna, vendo Vitória olhar para outra pessoa, procura alguém sem se voltar para Pedro ou Isabela (aliás, ela *nem tinha olhado* para Isabela).

Pedro, vendo os olhares de Giovanna e Vitória seguirem em outra direção, rapidamente vira de volta para Isabela e seus olhares se encontram: "Isa, bora fazer o trabalho?".

"Junte-se com seu melhor amigo".

Nesses poucos segundos, Isabela se considerava a melhor amiga de Pedro, mas ele olhou primeiro para Giovanna quando ouviu "seu melhor amigo", e só virou para ela como *segunda opção*.

Giovanna, por sua vez, podia se ver como melhor amiga de Vitória, mas a recíproca talvez não fosse verdadeira (e quem é esse tal J. Pinto Fernandes?).

Tudo isso em dois ou três segundos. O suficiente para amizades se formarem ou se desfazerem, para uma palavra escapar e nunca mais poder ser trazida de volta, para um olhar revelar o pensamento.

No dia a dia, isso parece intuitivo, mas quando olhamos de perto é possível notar as convenções, regras e pressupostos implícitos nas interações.

Mas como estudar esses momentos rápidos, que podem desaparecer antes de termos uma visão mais nítida delas? Qual o caminho para compreender as microinterações?

Um método para estudar os momentos

Ao longo de sua obra, Goffman deixou poucos textos sobre questões metodológicas. Uma exceção é o artigo "On Fieldwork", "Sobre o trabalho de campo", transcrição de uma conferência na Associação de Sociologia do Pacífico, em 1974. Além disso, há comentários sobre seus procedimentos nos seus livros, em meio a descrições e análises. Isso oferece uma pista sobre sua maneira de pensar: Goffman não separava teoria, método e pesquisa empírica: questões metodológicas são apresentadas e debatidas quando o problema aparece.

E é possível, nesses fragmentos, notar alguns aspectos de seu método.

Um primeiro passo é deixar de ver metodologia como "regras" ou "técnicas" (e, menos ainda, "colocar na formatação"). É importante assumir outra *atitude* metodológica de pesquisa: para *ver* as microinterações é necessário prestar atenção aos detalhes, às interações mínimas, gestos, movimentos, trocas de olhares e expressões durante uma situação. A realidade, em escala micro, precisa ser estudada em câmera lenta.

Um método "natural"?

Quando Goffman começou seus estudos, ainda nos anos 1940, as Ciências Sociais, sobretudo no mundo anglo-saxão, se dividiam em duas grandes vertentes.

Uma delas, mais formal e pautada na herança das Ciências Naturais, trabalhava em termos quantitativos – escalas, questionários, amostras representativas, estatísticas. O objetivo era conhecer as questões sociais com o máximo de rigor. Hoje em dia podemos ver um exemplo nas pesquisas de opinião, medidas de intenção de voto ou a aprovação de um político.

No segundo tipo, a preocupação era compreender as características da sociedade, a realidade de grupos e comunidades, em uma perspectiva qualitativa. No lugar dos questionários, números e estatísticas, entravam a observação, as entrevistas e as pesquisas de campo. A busca pelo rigor era a mesma, mas a prática era diferente: essa perspectiva direcionava os estudos para compreender os fenômenos sociais em seu lugar, observando o desenvolvimento "natural" dos fatos.

(A ideia de ver uma situação "como ela é", ou de maneira "natural", seria duramente criticada nas décadas seguintes diante de uma outra constatação: é impossível ser um observador "neutro" diante de um fenômeno.)

Goffman, nos anos de sua formação, foi fortemente influenciado por essa segunda perspectiva, e seu trabalho metodológico é voltado para essa compreensão "natural" dos fenômenos, embora ele mesmo reconheça os limites desse tipo de abordagem. É possível, a partir do conhecimento de algumas situações, deduzir outras, mas não todas.

A escolha dos objetos: a herança metodológica de Chicago

A tradição de pesquisa na Universidade de Chicago, onde Goffman fez seu doutorado, seguia essa trilha na análise qualitativa, e voltava seus olhos, sobretudo, para o estudo das mudanças e das transformações da cidade.

Situada às margens do lago Michigan, no estado de Illinois, Chicago havia experimentado um enorme crescimento populacional desde o final do século 19, sobretudo com a chegada de imigrantes de vários países da Europa. Isso trazia mudanças profundas nas relações sociais, e compreendê-las estava na ordem do dia. O objeto de pesquisa estava logo ali na porta, e seria quase um desperdício deixar para lá essa chance.

O departamento de sociologia da Universidade, fundado também no século 19, dedicou-se sobretudo a estudar os problemas decorrentes das rápidas transformações pelas quais a cidade passava. O ambiente urbano, com seus contrastes, fornecia um amplo repertório de questões de pesquisa, mas exigia dos pesquisadores uma nova abordagem: sair às ruas, investigar, explorar o terreno com um interesse próximo ao do repórter procurando boas histórias. Não por coincidência, um dos principais nomes do departamento tenha sido Robert E. Park, jornalista de formação. A cidade, suas histórias, seus problemas e suas contradições eram um dos principais focos, e cada personagem poderia se tornar o foco de uma pesquisa.

Sua principal influência nesse momento, no entanto, parece ter sido de outro professor, Everett C. Hughes. Aluno da primeira geração de cientistas sociais da Universidade de Chicago, Hughes tinha uma visão bastante definida do trabalho do sociólogo para compreender a pequena escala das dinâmicas sociais. Alguns de seus textos, reunidos no livro *The Sociological Eye*, sem tradução no Brasil, mostram uma preocupação em trabalhar em um campo restrito, procurando ganhar profundidade no lugar de abrangência.

Pioneiro da chamada "Sociologia das Ocupações", atualmente próxima da Sociologia do Trabalho, Hughes também valorizava o trabalho de campo como medida da criação de qualquer teoria, evitando grandes proposições teóricas e procurando utilizar conceitos e ideias conforme as necessidades de cada pesquisa. Goffman parece ter herdado algo dessas duas concepções de estudo.

Apenas para se ter uma ideia do ambiente intelectual desse momento, em 1929, Frances H. Donovan, pesquisadora da universidade, publica *The Saleslady* ("A vendedora"), um estudo sobre o cotidiano das vendedoras de lojas na cidade, acompanhando, de maneira detalhada, suas condições de trabalho, aspectos biográficos e pessoais. A modernidade trazia outras maneiras de viver, e era tarefa da sociologia compreender essas novidades e mudanças.

O foco, como sempre, era restrito: em *The Saleslady*, por exemplo, Donovan se dedica a um número pequeno de vendedoras, acompanhando um caso específico como ilustração de seus argumentos. Algumas das histórias e descrições do livro poderiam encontrar espaço ao lado de grandes reportagens, enquanto a análise o coloca na estante de sociologia.

A opção por um foco pequeno era uma característica do lugar. Yves Winkin e Wendy Leeds-Wurvitz, na página 19 de *Erving Goffman: a critical introduction to media and communication theory*, transcrevem uma afirmação de Joseph Gusfield, rememorando seus anos como estudante:

> Nós costumávamos dizer que uma tese sobre bebida escrita por um aluno de Harvard poderia muito bem se chamar "Modos culturais de distração no sistema social ocidental"; por uma aluna de Columbia, o trabalho seria intitulado "Funções latentes do uso de álcool em uma amostra nacional"; e por um estudante de pós-graduação em Chicago como "Interação Social no *Jimmy's*: um bar da rua 55".

Além disso, uma notável herança antropológica também tinha seu lugar na Universidade de Chicago, sobretudo no cultivo do trabalho etnográfico. Os trabalhos dos primeiros antropólogos anglo-saxões estava próximo no tempo e no espaço, mostrando as vantagens do trabalho de campo.

As críticas a essa herança só começariam mais tarde, quando outras variáveis, como questões de classe e poder, entrassem em cena. Naquele primeiro momento, a procura de novos métodos e olhares parecia dar o tom dos trabalhos – em particular, a novidade da pesquisa social qualitativa.

O aspecto qualitativo

Se é possível, em uma pesquisa estatística ou quantitativa, analisar amostras de nível nacional, em uma pesquisa qualitativa ficamos felizes se conseguirmos estudar *um* caso de maneira mais ou menos completa. "Qualidade", aqui, não é um sinônimo de "bom" ou "positivo", mas de *atributo* ou *característica*. Por exemplo, quando falamos das "qualidades" dos fãs de uma série de TV, não estamos, evidentemente, dizendo que eles são legais, mas estamos procurando descobrir o que os *caracteriza* como fãs – colecionar produtos ligados à série ou participar de discussões em redes sociais.

No trabalho qualitativo, sabemos exatamente onde olhar – situações ou casos com as qualidades esperadas. Em uma pesquisa sobre fãs, para manter o exemplo, vou estudar características específicas – por exemplo, fãs do seriado britânico *Doctor Who* que assistam a série há mais de dez anos (ela começou a ser transmitida em 1963).

Se eu sair por aí buscando qualquer situação de interação, provavelmente volto para casa (ou, mais complicado, para a próxima reunião de orientação) sem encontrar nenhuma. Não por falta de material para observar, ao contrário: como o número de interações em qualquer ambiente – digamos, uma praça de alimentação em um shopping center – tende a ser enorme, é impossível dar conta de tudo.

No estudo das interações cotidianas, é preciso delimitar o aspecto procurado em cada situação para compreender, a partir da observação dos detalhes, suas características. Daí a importância, no estudo, de delimitar o começo, o meio e o fim de uma situação – como se inicia, as ações principais, quando se desfaz – para ver de perto as questões implicadas.

Por exemplo, para estudar as interações na praça de alimentação de um shopping no horário de almoço, é necessário saber onde e o que olhar. Por exemplo, as dinâmicas de olhar e movimentos corporais de aproximação e distanciamento na escolha de lugares para sentar – se você já ficou parado em uma praça de alimentação segurando uma bandeja e procurando um lugar vazio, sabe o quanto os pequenos olhares e os movimentos podem ser importantes para conseguir uma mesa.

Por isso, um passo metodológico é pensar qual é o *tipo* de interação a ser pesquisado – por exemplo, nos trabalhos de Goffman, as situações de embaraço, o ato de falar sozinho, os erros ao vivo no rádio ou as situações de autoridade.

Olhando o cotidiano

Em livros como *Comportamento em lugares públicos*, *Relations in Public* e *Encounters*, Goffman observa sistematicamente vários tipos de interação para encontrar os pontos em comum, e entender como as pessoas agem na presença umas das outras.

Nas Ciências Sociais, a observação é um tipo de pesquisa de campo na qual a pesquisadora ou o pesquisador está em contato direto com o ambiente de pesquisa, acompanhando a situação. É o momento de ver e ouvir com atenção, deixando os sentidos abertos à experiência. Esse olhar procura ver as coisas de maneira nova, tentando capturar, na experiência, o significado dos acontecimentos.

Em alguns casos, é possível até participar da situação – a "observação participante", na qual você compartilha as vivências do grupo ou a situação observada.

Para Goffman, a observação é um método de aplicação de ideias, mas também de *construção* de conceitos. Suas observações são desenvolvidas em longos períodos, tempo de delinear vários aspectos da situação observada.

A imersão na situação

Um ano e cinco meses nas ilhas Shetland, no norte da Escócia. Um ano no Hospital Santa Elizabeth, em Washington. Dezenas de meses, com algumas interrupções, estudando *in loco* cassinos em Los Angeles. A pesquisa de campo, para Goffman, era um trabalho de imersão, principal maneira de compreender as minúcias das incontáveis situações de interação vistas. E nem se começou a falar do próximo passo, *decifrar* as situações observadas e vividas.

A visão de uma situação exigia de Goffman não só observar as atividades, mas, muitas vezes, participar delas – por exemplo, nas ilhas Shetlands, ir regularmente aos bailes e aos jogos de bilhar da comunidade, ou passar um tempo olhando as atividades do hotel onde se hospedou durante um tempo, ou, em sua pesquisa sobre cassinos, chegou a trabalhar em alguns deles.

A atenção ao detalhe só pode ser conseguida depois de um tempo: em geral, nas primeiras observações, conseguimos ter uma visão fragmentada do todo. Apenas no exercício constante de educação do olhar é que conseguimos enxergar os detalhes e capturar os fragmentos em um todo mais ou menos coerente.

O tempo de campo

O tempo de observação também é decisivo para, além de ver, aprender a visão dos participantes de uma situação a respeito dela. Um risco de toda observação é ver apenas o que você *deseja* ver – ou o que a teoria *permite* ver, tentando fazer os dados se encaixarem em conceitos ou hipóteses prévias.

Do mesmo modo, seria complicado imaginar a possibilidade de "pensar como outra pessoa", assumindo o lugar e a visão dos outros. Mas nada impede de tentar compreender outro ponto de vista além do nosso, entender a vivência de outras pessoas, e Goffman procura fazer esse exercício em suas análises.

Um caso representativo talvez seja *Manicômios, prisões e conventos*. Além de passar um longo período no hospital, Goffman optou por não utilizar nenhum dos símbolos de autoridade dos médicos ou da equipe técnica, procurando participar de atividades com os pacientes do lugar. A proposta era compreender a ação tal como era vista do lado mais fraco da corrente, na interação entre os pacientes e deles com as "equipes dirigentes", como denomina. O resultado é uma visão de baixo, revelando aspectos difíceis de conhecer de outra maneira.

Alguns dos procedimentos de Goffman, vale lembrar, podem soar altamente questionáveis hoje em dia, sobretudo pelo anonimato de sua participação. Atualmente suas investigações precisariam de várias explicações antes de uma eventual aprovação por um Comitê de Ética na Pesquisa. Nos padrões de sua época, no entanto, foi possível realizar esses estudos, responsáveis por lançar novos olhares sobre situações consideradas menos importantes para a observação.

O estudo do insignificante

Há um texto de Sigmund Freud publicado em 1919, intitulado "O Inquietante". Nele, a partir da análise de um conto de E. T. A. Hoffman, autor do século 19, Freud mostra como o familiar, exatamente por sua proximidade, pode se tornar tremendamente estranho, provocando o pensamento. Mas isso só pode ser notado quando olhamos o familiar com outros olhos, em seus detalhes. O comum se torna inquietante e aterrador exatamente por participar da existência cotidiana e por ser visto, na maior parte das vezes, como insignificante.

A julgar pelo grau de profundidade e detalhamento de suas análises, nada era insignificante para Goffman. Até porque, como Pierre Bourdieu mostraria décadas depois, as relações de poder se escondem no óbvio, no dito "natural" e no insignificante. A observação metodológica era um esforço para tornar estranho o familiar, e mostrar como o cenário de todos os dias pode ser o lugar de disputas, manutenção ou quebra de regras. Para isso, seu método é um olhar detalhado, em câmera lenta, procurando notar as nuances e sutilezas de qualquer interação.

Seria um pouco precipitado definir sua metodologia apenas como "observação", "trabalho de campo" ou "observação participante", embora esses termos possam definir alguns aspectos de seu trabalho. Goffman era um sociólogo da interação, e sua observação procurava revelar os microelementos presentes nelas. Ele soube combinar vários métodos de pesquisa para desenvolver seus estudos, mostrando que pesquisa se faz também com imaginação.

Esse modo de ver o trabalho acadêmico não ficou restrito ao método. No próximo capítulo, vamos ver como Goffman, misturando ideias de autores diferentes, deixou sua contribuição teórica às Ciências Sociais.

Décima lição

A ordem da interação e a ordem social: a herança teórica

> "Goffman terá sido aquele que fez com que a sociologia descobrisse o infinitamente pequeno: aquilo mesmo que os teóricos sem objeto e os observadores sem conceitos não sabiam perceber e que permanecia ignorado, porque muito evidente, como tudo o que é óbvio".
>
> Pierre Bourdieu, "Erving Goffman, descobridor do infinitamente pequeno", p. 11.

Gostaria, neste último capítulo, mais breve, de fazer um exercício para situar os trabalhos de Goffman nas Ciências Sociais, um lugar no qual tanto a obra quanto seu autor parecem nunca terem estado totalmente à vontade. Mas, como vimos no primeiro capítulo, ele também não era um total *outsider*, gênio solitário em luta contra um sistema do qual era excluído.

Nem sempre é fácil entender suas preocupações: qual o interesse em duas pessoas se cumprimentarem na rua? Por que a preocupação com um simples gesto? Qual o sentido de escrever páginas e páginas sobre o ato de falar sozinho? De maneira direta, por que se preocupar tanto com o insignificante?

Porque, como todas e todos os fãs de história de detetive sabem, a melhor maneira de esconder alguma coisa é no lugar mais visível. Ninguém procura pelo óbvio porque temos certeza de saber tudo a seu respeito. Qualquer pesquisa começa quando você substitui as certezas pelas dúvidas em busca de novas maneiras de entender a realidade.

Qual é, então, a teoria de Goffman?

Resumindo em uma linha, poderia ser algo como *a ordem social se manifesta na ordem da interação*.

Vale explorar melhor a ideia.

Ver o macro no micro

Como vimos ao longo dos capítulos, até as relações mais comuns, como um encontro na rua, seguem um *script* bem delineado. A partir dele, podemos conhecer as maneiras de pensar, os modos de ser e os problemas de uma sociedade. Esse roteiro não é criado no instante da interação: ele é *interpretado* pelos participantes de uma situação, que acrescentam suas próprias características a esse momento.

Observando as pequenas interações conseguimos *ver a sociedade em ação*, seus modos de pensar, sua moral e seus problemas.

O padrão de corpo "perfeito", por exemplo, é uma construção social, ligada a definições históricas, sociais e culturais. Mas, na prática, não vemos "questões históricas, sociais e culturais": sentimos o olhar de desprezo de uma pessoa em relação ao corpo de outra ou o sorriso nem um pouco disfarçado, buscando a cumplicidade no olhar de uma terceira pessoa ("olha esse aí..."). Preconceitos são problemas sociais, mas só ficam visíveis de verdade quando alguém toma uma atitude discriminatória em relação a outra pessoa.

Adaptando os argumentos de Wendy Leeds-Hurwitz no artigo "Erving Goffman as communication theorist", só vemos a sociedade, com suas regras e características, no rosto de outra pessoa com quem interagimos: *a ordem social se manifesta na ordem da interação*.

As duas ordens da vida em sociedade

Vale a pena definir esses dois conceitos.

A *ordem social* pode ser entendida como o conjunto de regras e modos de ser de uma sociedade. Por exemplo, as desigualdades sociais, questões étnicas, de classe e de gênero e posicionamentos políticos fazem parte da ordem social. São fenômenos de grande escala, que podem ser vistos em perspectiva histórica, política e social.

A *ordem da interação*, como o nome sugere, são os momentos de interação cotidiana, os encontros, reuniões e conversas. Nessas interações, cada um traz consigo seus vínculos com a ordem social (por exemplo, classe social, idade, faixa de renda, gênero, etnia e assim por diante). A relação entre duas pessoas nunca é, na prática, apenas entre eles: ao contrário, é o encontro de duas biografias, duas histórias e trajetórias, e tudo isso pode influir naquele momento – por exemplo, na hora de decidir a quem cumprimentar primeiro.

Regras de conduta

De certa maneira, podemos definir a ordem social como sendo as regras de conduta de nosso comportamento. Elas existem de maneira abstrata, como princípios que se manifestam na ordem da interação. A regra de contuda "seja educado" é um princípio da ordem social; a maneira como você vai dizer "bom dia!" para alguém está na ordem da interação.

Daí a importância, para Goffman, de estudar a ordem da interação: as micro-relações cotidianas mantém e fortalecem as regras de conduta. Cada vez que você cumprimenta o motorista ao subir no ônibus, ou diz "até logo!" para os colegas no final de uma aula, você está *praticando* a ordem social na ordem da interação. A ordem social é mantida pela ordem da interação – como em uma espiral, cada uma reforça a outra.

Quando a interação foge do script: a inversão

Uma das maneiras de ver como as duas ordens estão ligadas é quando há algum problema entre elas – por exemplo, quando a interação contraria as normas da ordem social. A ordem social diz *o que* fazer nas relações sociais; a ordem da interação mostra *como fazer*. Os detalhes de uma cena mostram como seus participantes interpretam a ordem social e a *traduzem* na interação com os outros.

Se preferir uma metáfora, a *ordem social* seriam as regras de um jogo de xadrez, enquanto a *ordem da interação* são os lances de cada partida (a ideia não é minha: a comparação vem do *Curso de Linguística Geral*, de Ferdinand de Saussure).

Por exemplo, quando vemos uma entrevista, queremos saber o que a pessoa tem a dizer. Basta, no início, uma breve apresentação de quem ela é. A *ordem social* diz quem é a personagem principal: na *ordem da interação* entre jornalista e entrevistado, em cada entrevista, esperamos a confirmação disso. Se algo não segue o *script*, a situação vai parecer bem estranha aos nossos olhos.

No primeiro episódio de *Monty Python's Flying Circus*, do grupo britânico Monty Python, há uma quebra na ordem da interação quando um detalhe fútil ganha o primeiro plano. No quadro "It's the arts!", paródia de um programa de entrevistas, o apresentador Tom, vivido por John Cleese, conversa com o cineasta Sir Edward Ross, personagem de Graham Chapman, sobre sua obra:

> Entrevistador: Boa noite. Um dos mais profílicos diretores de cinema de nossa época, ou de qualquer época, é Sir Edward Ross, de volta ao país pela primeira vez em cinco anos para abrir

uma temporada de suas produções no National Film Theatre, e nós temos o prazer de tê-lo aqui no estúdio conosco esta noite.

Ross: Boa noite.

Entrevistador: Edward... Não se importa se eu chamar você de Edward?

Ross: Não, de modo algum.

Entrevistador: Isso preocupa algumas pessoas. Não sei porque, mas eles são um pouco sensíveis a respeito disso, por isso tomo a precaução de perguntar.

Ross: Não, não, está ótimo.

Entrevistador: Então fica 'Edward', certo. Esplêndido, esplêndido. Desculpe ter trazido essa questão à tona.

Ross: Não, não, por favor. Fica Edward então.

Entrevistador: Obrigado por ser tão gentil. Não vale todo este trabalho...

Ross: Sim, certo.

Entrevistador: É complicado estabelecer uma relação e deixar a pessoa à vontade...

Ross: Certo.

Entrevistador: Sim, é um ponto meio bobo mas parece importante. Bem, encurtando o assunto. Hã... Ted, quando você começou... Se importa se eu o chamar de Ted?

Após um minuto, com o apresentador insistindo em discutir a maneira de chamá-lo, Sir Edward pergunta, como não poderia deixar de ser, "o que está acontecendo aqui?". A discussão inverte o sentido esperado da cena: vemos em primeiro plano um aspecto geralmente resolvido e deixado de lado antes do primeiro minuto de qualquer interação. Em geral, o humor *nonsense* costuma desafiar a ordem da interação jogando com a ordem social.

A herança sociológica

A preocupação com as interações sociais não significa, portanto, deixar de lado as questões mais amplas. Ao contrário, as convenções e os padrões da sociedade estão sempre no horizonte, e Goffman não perde de vista sua força na definição das atitudes e ações dos indivíduos em interação.

Isso parece vir de uma das principais fontes de Goffman, o sociólogo francês Émile Durkheim.

Em seus principais livros, Durkheim destaca que a vida social é anterior à existência individual. A sociedade já estava lá quando você nasceu. Aliás, nascer em uma sociedade significa adotar, desde pequeno, suas regras. A língua materna e os padrões de comportamento são a parte mais visível: além do idioma, você aprende também a linguagem e a maneira de pensar da sociedade. Você também aprende a se comportar, isto é, a entender e aplicar a moral do grupo onde estamos.

A sociedade não é determinante, mas tem força na definição na maneira de pensar e agir nas interações com outras pessoas – até porque compartilhamos boa parte das concepções básicas sobre a realidade: falamos a mesma língua, compreendemos os gestos, sabemos a distância certa da pessoa à frente em uma fila. Até os desafios a essas regras podem ser, paradoxalmente, resultado do que aprendemos: sabe-se como "dar um jeito", dobrar regulamentos, resolver "no meu caso" e assim por diante.

Goffman não dirige seu olhar às *regras*, mas à sua *aplicação* nas interações face a face, definindo as situações e mantendo a ordem social – na medida do possível, pelo menos, diante de seus conflitos e tentativas de solução.

Mas como ver essa ordem social? Goffman vai buscar no filósofo alemão George Simmel uma parte de sua inspiração para olhar a escala micro e abordar o cotidiano como objeto de estudos.

Olhar o cotidiano

A obra multifacetada de Simmel não poderia ser resumida em um parágrafo ou dois, e nem é esse o objetivo aqui.

Vale destacar, primeiro, sua predileção olhar, de maneira questionadora, aspectos vida cotidiana menos estudadas pela filosofia e sociologia de seu tempo. Simmel parte de situações triviais para desenvolver um raciocínio filosófico mais amplo.

Não por acaso, alguns de seus ensaios mais conhecidos são sobre o amor e o dinheiro. Esses temas já haviam sido abordados antes dele, mas a novidade de Simmel foi estudá-los a partir de questões concretas, como o uso do dinheiro ou os problemas da vida amorosa, em vez de buscar definições abstratas. A sociologia de Goffman também se aproxima de Simmel também na busca de uma delimitação precisa para cada de análise: raramente, em seus textos, Goffman estuda mais de um tipo de interação. Após procurar os significados possíveis, muda a chave para outra situação.

Seu objetivo é a análise das interações – e, com isso, mostra outra de suas afiliações: o *interacionismo simbólico*.

O interacionismo simbólico

Ao que tudo indica, foi o sociólogo norte-americano Herbert Blumer quem utilizou a expressão "Interacionismo Simbólico" para definir um conjunto heterogêneo de pesquisas realizadas, entre outros, por Margareth Mead, George H. Mead, Gregory Bateson, Howard Becker e o próprio Blumer. De certa maneira, as principais ideias do interacionismo simbólico estão em seu próprio nome.

Em primeiro lugar, a noção de *interação*: nossa mente, nosso "eu" (a palavra em inglês seria "self", não "I" ou "me"), é formada a partir da relação com as outras pessoas ao longo de nossa vida. Nossas concepções sobre a realidade, a vida, o universo e tudo o mais são o resultado da *troca* constante com os outros. Até a imagem que temos de nós mesmos (nosso "self") é criada junto com os outros – uma parte de nossa autoimagem depende da visão dos os outros sobre nós (ou como a *imaginamos*). Para o interacionismo simbólico, a sociedade é uma troca infinita de ideias, imagens e representações – ou, como diz a segunda parte do nome, *símbolos*.

De todas as espécies do planeta, apenas seres humanos parecem ter a capacidade de *atribuir significados* às coisas em um alto nível de abstração. Ao ver uma cadeira, por exemplo, posso apenas observar um objeto de uso doméstico, mas também algo *além* dela – digamos, um móvel na família há nove gerações ou um exemplar ousado do *design* contemporâneo. Na mente humana, as coisas ganham um sentido *simbólico* ("*syn-bole*", em grego, significa "aquilo colocado junto").

Essas interações definem a realidade na qual estamos inseridos, assim como as trocas simbólicas estabelecidas entre nós.

Quando me apresento dizendo "oi, eu sou o namorado dela", pouca gente terá dificuldade para compreender a frase e como isso me posiciona em relação aos outros, ao menos em algumas situações.

Se me apresento, por outro lado, dizendo "Oi, eu sou um texugo", o estranhamento de meu interlocutor é justificado pela falta de relação entre essa expressão e qualquer perspectiva esperada – não há significado a ser atribuída a ela.

As posições do interacionismo simbólico estão presentes em toda a obra de Goffman: o fato de tudo ter um significado, nada ser gratuito e qualquer mínima ação humana remeter a algo mais amplo na cultura estão entre os pontos de contato.

A síntese e o desenvolvimento

A essas influências – Durkheim, Simmel, o Interacionismo Simbólico – pode ser acrescentada também a Sociologia da Universidade de Chicago, sobretudo na perspectiva de observação e etnografia, vista no capítulo anterior.

Goffman, no entanto, dificilmente poderia ser reduzido a uma única categoria, como "durkheimiano" ou "interacionista simbólico" sem deixar de lado a originalidade de sua abordagem, combinando essas influências e procurando desenvolver, a partir delas, uma maneira de compreender a sociedade.

Mas isso não resolve um problema: qual é a "teoria" de Goffman?

De maneira direta, a primeira resposta poderia ser algum de seus conceitos mais conhecidos: "dramaturgia", "teoria do enquadramento" ou "a representação do eu". Avançando um pouco, as ideias de "estigma" e "instituição total" também estariam sobre a mesa. Mais para frente, ideias menos exploradas como "preservação de face" ou "interação focada/desfocada" poderiam demorar um pouco mais, mas também chegariam na conversa.

Uma das razões dessa dificuldade na resposta é o fato de Goffman nunca ter criado propriamente uma "grande teoria", um conjunto de conceitos espalhados ao longo de toda sua obra, com os quais ele vai analisar diversos aspectos da sociedade. Ao contrário, como indicam alguns comentaristas, ele cria conceitos e teorias de acordo com o desenvolvimento de cada pesquisa, mantendo as linhas gerais de pensamento.

Por exemplo, se você for ler Pierre Bourdieu ou Theodor W. Adorno, vai notar que alguns de seus conceitos, como "campo" e "*habitus*", ou "Indústria Cultural", aparecem de maneira recorrente em vários de seus textos. Elas são categorias de análise da realidade, parte central de seu pensamento, e reaparecem quando necessário.

Em Goffman, isso acontece em uma escala bem menor. Como lembram Winkin e Leeds-Hurwitz, seus conceitos nem sempre se repetem de uma obra para outra. Goffman não é um "teórico" no sentido de alguém interessado em construir definições abrangentes, como "campo" ou "indústria cultural". Aliás, ele nunca chegou a escrever uma obra "teórica" para apresentar e refinar seus conceitos a partir de um minucioso trabalho de análise. A unidade de sua obra está na escolha de um objeto de estudos, as microinterações, e de um método de análise, a observação detalhada, mas não a um conjunto unificado de conceitos.

Mas também não se deve levar essa afirmação muito longe: há um trabalho teórico profundo na obra de Goffman. Ao longo das obras, as ideias vão ganhando novos contornos sem necessariamente encontrar uma formulação definitiva – isso pode ser uma estratégia para dar conta de uma realidade em constante mudança: rever seus conceitos a cada nova pesquisa pode auxiliar a acompanhar essas transformações.

Se Goffman não chegou a criar uma "grande teoria", talvez seja porque a natureza de seu estudo não permitisse fazer isso sem deixar de lado as microinterações. Talvez sua lição seja exatamente saber misturar teorias, conceitos e pesquisa de campo na proporção certa para ajudar a ver, na realidade, o que costuma ficar invisível.

E, ANTES DE VOCÊS IREM...

Na seção de entretenimento do *Gettysburg Times* de quinta-feira, 9 de dezembro de 2004, a coluna de horóscopo assinada por Holiday Mathis trazia a seguinte recomendação:

> CÂNCER (22 de junho – 22 de julho). O famoso sociólogo Erving Goffman disse que nós somos todos atores retratando a nós mesmos. Hoje você verá através dessas atuações e fará as pessoas esquecerem seu roteiro.

Esse é apenas um dos documentos disponíveis no *Erving Goffman Archive*, e mostra o alcance da obra de Goffman para além da universidade. Acadêmicos não são citados em horóscopos o todos os dias – esse tipo de atividade está muito distante das questões com as quais sociólogos costumam se preocupar.

No podcast *Thinking Allowed*, em um episódio sobre Goffman, os professores Rachel Hurdley, Susie Scott e Gregory Smith lembram a sensação de "É isso!" que temos ao ler sua obra e entender porque nos sentimos desta ou daquela maneira em uma situação. Diante da exigência de uma vida de alta *performance*, a leitura de Goffman recorda que a falha e a vulnerabilidade são parte da condição humana, assim como a chance de reconstruir e transformar.

Com Goffman, aprendemos a ver os detalhes para ver o que existe por trás deles. Um exercício quase de Sherlock Holmes no qual o mistério a desvendar é a sociedade. O propósito aqui foi colocar sua obra em contato com o cotidiano: só aprendemos conceitos quando conseguimos ver a realidade através deles.

Ou mesmo criar algo novo: em 2018, *A representação do eu na vida cotidiana* inspirou uma peça de teatro. Uma notícia de 25 de maio daquele ano no *The Scotsman* falava da montagem, por jovens das Shetlands e do Teatro Nacional da Escócia, de uma peça intitulada *The Presentation of Unst in Everyday Life*, inspirada pelo livro. "Como parte do projeto, os jovens das Shetland vão aplicar algumas das teorias e *insights* de Goffman na semana da Unstfest, festival realizado no extremo norte da Grã-Bretanha, neste verão", diz a reportagem. O resultado seria a montagem de uma peça sobre as atividades do lugar, mais de setenta anos depois do trabalho de Goffman.

Apropriado para quem pensou em detalhes toda uma dramaturgia do cotidiano.

Leituras sugeridas por capítulo

Esta lista traz a "bibliografia do curso", por assim dizer. São outras leituras, pontos de vista complementares ou até mesmo contraditórios em relação aos assuntos de cada capítulo. A indicação de um texto não significa endosso das posições de autoras e autores, mas a apresentação de caminhos diferentes para estudar um tema.

01. Vida: ser um *outsider*, mas do lado de dentro

GASTALDO, Edison (Org.). *Erving Goffman, desbravador do cotidiano.* Porto Alegre: Tomo Editorial, 2004.

JOSEPH, Isaac. *Goffman e a Microssociologia.* Rio de Janeiro: Ed. FGV, 2000.

NIZET, Jean; RIGAUX, Natalie. *A sociologia de Erving Goffman.* Petrópolis: Vozes, 2016.

02. As interações sociais e a dramaturgia do cotidiano

ARRIBAS, Célia G. Regionalizando o mundo social: configurações, campos e interações face a face. *Plural*, vol. 19, n. 2, 2012, p. 51-68.

KOURY, Mauro G.P. Sobre Erving Goffman e a análise do fracasso em *The Presentation of Self in Everyday Life. Dilemas*, vol. 12, n. 3, set.-dez. 2019, p. 525-540.

MARTINS, Danilo H. A metáfora teatral como representação social para Erving Goffman: um ensaio teórico. *Espaço Acadêmico*, vol. 14, n. 163, 2014, pp. 141-149.

03. Rituais e interações na sociedade

CARVALHO FILHO, Juarez L. Rituais de interação na vida cotidiana. *Política e sociedade*, vol. 15, n. 34, set.-dez. 2016, p. 137-159.

MESQUITA, Ana C.V.; COSTA, Rafael R.A interferência da construção e manutenção das fachadas e das narrativas de vida na visão da "vida real". XLI Intercom. *Anais...* Joinville: Univille, set. 2018.

RECUERO, Raquel. Curtir, compartilhar, comentar: trabalho de face, conversação e redes sociais no Facebook. *Verso e reverso*, vol. 28, n. 68, maio-ago. 2014, p. 114-124.

04. Estigma, o preço de ser diferente

CASTRO, Camila P. Ordem da interação, embaraço e agência do *self* na obra de Erving

Goffman. *Teoria & Sociedade*, n. 20, vol. 1, jan-jun. 2012, p. 198-217.

MARTINS, Carlos B. Notas sobre o sentimento de embaraço em Erving Goffman. *Revista Brasileira de Ciêncais Sociais*, vol. 23, n. 68, out. 2008, p. 137-143.

PORTO, Camille. O que há de moral na carreira moral: dispositivos de transformação de si em 'egressantes' do sistema penitenciário. *Dilemas*, vol. 12, n. 3, set.-dez. 2019, p. 477-498.

05. Instituições totais e o controle do indivíduo

BENELLI, Sílvio J. A instituição total como agência de produção de subjetividade na sociedade disciplinar. *Estudos de Psicologia*, vol. 21, n. 3, set.-dez. 2004, p. 237-252.

FERREIRA, Douglas A. Ator sincero e ator cínico: a análise das interações comunicacionais no contexto organizacional a partir da perspectiva dramatúrgica de Erving Goffman. *Dispositiva,* vol. 7, n. 11, p. 123-137.

PESTANA, Janine. Breves apontamentos sobre as instituições totais. *Psicólogo informação*, ano. 18, n. 18, jan.-dez. 2014, p. 93-117.

06. Enquadramento: o que é a realidade?

BONONE, Luana M. *Frame analisys*: processo de construção de método para pesquisas. Trabalho apresentado no XXXIX INTERCOM. *Anais...* São Paulo: USP, 5 a 9 de setembro de 2016.

CARVALHO, Carlos A. Aportes para a concepção do conceito goffmaniano de enquadramento e suas interconexões com a noção de contexto. XX ENCONTRO DA COMPÓS. *Anais...* Porto Alegre: UFRGS, 14 a 17 de junho de 2011.

GARRAZA, Maria T.S. Origen, aplicación y limites de la 'teoria del encuadre' en comunicación. *Comunicación y Sociedad*, vol. 14, n. 2, 2001, p. 143-175.

07. Símbolos, atitudes e posição social

BARBOSA, Raoni. Reflexões etnográficas sobre a construção goffmaniana do ator social. *Dilemas*, vol. 9, n. 3, set.-dez. 2016, p. 421-438.

CONSTANTINO, Fernanda A. Construção identitária e gerenciamento de impressão em espaços *on-line* de interação. *Comunicologia*, vol. 10, n. 1, jan.-jun. 2017, p. 146-162.

GASTALDO, Edison. Goffman e as relações de poder na vida cotidiana. *Revista Brasileira de Ciêncais Sociais*, vol. 23, n. 68, out. 2008, p. 149-153.

08. Olhando para a mídia: dos movimentos do corpo às redes digitais

BIRDWHISTELL, Ray. Cinese e Comunicação. In: McLUHAN, M.; CARPENTER, E. *Revolução na Comunicação*. Rio de Janeiro: Zahar, 1968.

CARREIRA, Fernanda. Ciberpublicidade, gênero e Goffman: hiper-ritualizações no contexto digital. *Contracampo*, vol. 38, n. 3, dez. 2019, p. 22-40.

PESSOA, Sonia C. Goffman: a fronteira sutil entre a fala cotidiana e a locução no rádio. 31º. INTERCOM. Natal: *Anais...* 2 a 6 de setembro de 2008.

09. Os métodos de Goffman: como olhar em escala micro

CAIAFA, Janice. Sobre a etnografia e sua relevância para o estudo da comunicação. 28º. COMPOS. *Anais...* Porto Alegre: PUC-RS, 11 a 14 de junho de 2019.

GIL, Ana H.C.F.; GIL FILHO, Sylvio F. Geografia do cotidiano: uma leitura da metodologia sociointeracionista de Erving Goffman. *Ateliê Geográfico*, vol. 2, n. 2, ago. 2008, p. 102-118.

BON, Olga. Interações sociais em ambientes digitais: um estudo sobre blogs de moda a partir de Goffman. *Novos Olhares*, vol. 4, n. 2, 2016, p. 91-100.

10. A ordem da interação e a ordem social: a herança teórica

BRAGA, Adriana. Sociabilidades digitais e reconfiguração das relações sociais. *Desigualdade e Diversidade*, n. 9, ago.-dez. 2011, p. 95-104.

MENDONÇA, Ricardo F. e SIMÕES, Paula G. Enquadramento: diferentes operacionalizações analíticas de um conceito. *Revista Brasileira de Ciências Sociais*, v. 27, 2012, p. 187-201.

NUNES, Jordão H. *Inteacionismo simbólico e dramaturgia*: a sociologia de Goffman. Goiânia: Ed. UFG, 2005.

OBRAS DE GOFFMAN

Embora os principais trabalhos de Goffman estejam traduzidos em português, nem todos estão acessíveis. Alguns de seus artigos também foram publicados em revistas acadêmicas ou coletâneas. Quando possível, procurei as referências aos textos em português para facilitar eventuais consultas.

(A) Livros

GOFFMAN, E. *Communication and Conduct in an Island Community.* Chicago: Universidade de Chicago, 1953 (Tese de doutorado).

GOFFMAN, E. *The presentation of self in everyday life.* Nova York: Anchor Books, 1959. (Tradução brasileira: *A representação do eu na vida cotidiana.* Petrópolis: Vozes, 1975.)

GOFFMAN, E. *Asylums*: Essays on the social situation of mental patients and other inmates. Nova York: Anchor, 1961. (Tradução: *Manicômios, prisões e conventos.* São Paulo: Perspectiva, 1974).

GOFFMAN, E. *Behavior in public places*: Notes on the social organization of gatherings. Nova York: The Free Press, 1963 (Tradução: *Comportamento em lugares públicos*. Petrópolis: Vozes, 2010).

GOFFMAN, E. *Stigma*: Notes on the management of spoiled identity. Englewood Cliffs: Prentice-Hall, 1963 (Tradução: *Estigma*: notas sobre a manipulação da identidade danificada. Rio de Janeiro: Zahar, 1975).

GOFFMAN, E. *Interaction ritual*: Essays on face-to-face behavior. Nova York: Anchor Books, 1967. (Tradução: *Ritual de Interação*. Petrópolis: Vozes, 2012).

GOFFMAN, E. *Strategic interaction.* Filadélfia: Universidade da Pennssylvania, 1969.

GOFFMAN, E. *Relations in public*: Microstudies of the public order. Nova York: Basic Books, 1971.

GOFFMAN, E. *Frame analysis*: An essay on the organization of experience. Nova York: Harper and Row, 1974. (Tradução: *Os quadros da experiência social*. Petrópolis: Vozes, 2012).

GOFFMAN, E. *Forms of talk.* Filadélfia: Universidade da Pennssylvania, 1981.

(B) Artigos com tradução em português:

GOFFMAN, E. On cooling the mark out: Some aspects of adaptation to failure. *Psychiatry*, vol. 15, n. 4, 1952, p. 451–463. (Tradução: Acalmando o otário: alguns aspectos de adaptação à falha. *Plural*, vol. 16, n. 1, 2009, p. 195-212).

GOFFMAN, E. The neglected situation. *American Anthropologist*, 66 (6) (Dec.): 133–136, 1964. (Tradução: A situação negligenciada. In: RIBEIRO, B.T.; GARCEZ, P. *Sociolinguística Interacional.* São Paulo: Loyola, 2013).

GOFFMAN, E. Footing. *Semiotica*, 25 (1/2): 1–29, 1979. (Tradução: Footing. In: RIBEIRO, B.T.; GARCEZ, P. *Sociolinguística Interacional.* São Paulo: Loyola, 2013).

GOFFMAN, E. The Interaction Order. *American Sociological Review*, vol. 48, n. 1, fev. 1983, p. 1-17. (Tradução: A ordem da interação. *Dilemas*, vol. 12, n. 3, set.-dez. 2019, p. 571-603)

(C) Artigos citados, mas sem tradução

GOFFMAN, E. On Fieldwork. *Journal of Contemporary Ethnography*, vol. 18, n. 2, jul. 1989, p. 123-132.

GOFFMAN, E. Symbols of class status. *The British Journal of Sociology*, vol. 2, n. 4, dez. 1951, p. 294-304.

Referências

Por razões de espaço, da extensa bibliografia sobre Goffman, estão aqui apenas os livros e artigos citados nestas *10 lições*, dando preferência aos textos em português na perspectiva de facilitar o acesso. Meu débito com as autoras e autores de obras a respeito de Goffman é certamente muito maior.

BATESON, Gregory. Uma teoria sobre brincadeira e fantasia. In: RIBEIRO, B.T.; GARCEZ, P. *Sociolinguística Interacional.* São Paulo: Loyola, 2013.

BERGER, Briggitte; BERGER, Peter. *Sociology.* Nova York: Basic Books, 1972.

BERGER, Peter; LUCKMANN, Thomas. *A construção social da realidade.* Petrópolis: Vozes, 1973.

BIRDWHISTELL, Ray. *Kinesics and Context.* Pennsylvania: UPP, 1970.

CAVAN, Sherri. When Erving Goffman was a boy. *Symbolic Interaction*, vol. 37, n. 1, 2014, p. 41-70.

DEEGAN, Mary Jo. Goffman on Gender, Sexism, and Feminism. *Symbolic Interaction*, vol. 37, n. 1, 2014, p. 87-107.

DELAY, Michael. Hoffman at Penn: star presence, teacher-mentor, profaning jester. *Symbolic Interaction*, vol. 37, n. 1, 2014, p. 87-107.

DYNEL, Marta. Revisiting Goffman's postulates on participant statuses in verbal interaction. *Language and linguistics compas*, vol. 7, n. 5, 2011, p. 454-465.

GASTALDO, Edison. Introdução. In: ____ (Org.) *Erving Goffman, desbravador do cotidiano*. Porto Alegre: Tomo Editorial, 2004.

JOHNSON, Karl. 'Dixon', Shetland: home of human interaction. *The Island Review*, 13 de setembro de 2018. Disponível em: <http://theislandreview.com/content/dixon-shetland-home-of-human-interaction-erving-goffman-unst-the-presentation-of-self-in-everyday-life>.

LEEDS-HURWITZ, W. Erving Goffman as communication theorist. Encontro Anual da ICA. Nova Orleans: *Anais...* Nova Orleans, 2004.

MALUFE, José Roberto. *A retórica da ciência*. São Paulo: Educ, 1992.

MARTINO, Luís M.S. *Teoria da Comunicação*. Petrópolis: Vozes, 2009.

MARTINO, Luís. M.S. *Métodos de Pesquisa em Comunicação.* Petrópolis: Vozes, 2018.

MARTINO, Luis M.S.; MARQUES, Angela. C.S. A afetividade do conhecimento na epistemologia. *Matrizes,* vol. 1, n. 8, 2018, p. 217-234

MARTINO, Luís M.S.; SANTOS, Ana Paula. Questões metodológicas da pesquisa de campo em comunicação organizacional: um olhar a partir da microssociologia de Goffman. *Comunicação, Mídia e Consumo*, vol. 17, n. 48, jan.-abr. 2020, p. 61-83.

MARX, Karl. *O 18 Brumário de Luís Bonaparte.* São Paulo: Centauro, 2003.

MATHIS, Holiday. Horoscopes by Holiday. *The Gettysburg Times*, 9 de dezembro de 2004. In: SHALIN, Dmitri N. (Org.) *Bios sociological: the Erving Goffman Archives.* Nevada: Universidade de Nevada, 2009. Disponível em: <http://cdclv.unlv.edu/ega/>.

MERTON, Robert. *Sociologia*: Teoria e Estrutura. São Paulo: Mestre Jou, 1970.

SHALIN, Dimitri. Interfacing Biography, Theory and History: The Case of Erving Goffman. *Symbolic Interaction*, vol. 37, n. 1, 2014, p. 2-20.

SHALIN, Dmitri N. (Org.) *Bios sociological*: the Erving Goffman Archives. Nevada: Universidade de Nevada, 2009. Disponível em: <http://cdclv.unlv.edu/ega/>

STRONG, P.M. Review Essay: the importance of being Erving. CAVAN, Sherri. *Symbolic Interaction*, vol. 37, n. 1, 2014, p. 145-154.

TAYLOR, Laurie; HURDLEY, Rachel; SCOTT, Susie; SMITH, Gregory. Erving Goffman. *Thinking Allowed Podcast.* Londres: BBC Radio 4, 22 de maio de 2019. Disponível em: <https://www.bbc.co.uk/programmes/b039cy07>.

THE SCOTSMAN. Young Shetland residents to study island life for stage show. 25 de maio de 2018. Disponível em <https://www.scotsman.com/arts-and-culture/young-shetland-residents-study-island-life-stage-show-288074>.

USERA, Daniel. 'Cooling the mark out' in relationship dissolution. *Kentucky Journal of Communication.* vol. 37, n. 2, 2018, p. 4-22.

VELHO, Gilberto. Goffman, mal-entendidos e riscos interacionais. *Revista Brasileira de Ciências Sociais,* vol. 23, n. 68, out. 2008, p. 144-148.

VERHOEVEN, Jef C. An interview with Erving Goffman. *Research on Language and Social Interaction*, vol. 3, n. 26, p. 317-349.

VERTZMAN, Julio. Embaraço, humilhação e transparência psíquica: o tímido e sua dependência do olhar. *Ágora*, vol. 17, número especial, ago. 2014, p. 127-140.

WEST, Candace. Goffman in feminist perspective. *Sociological perspectives*, vol. 39, n. 3, out. 1996, p. 353-369.

WINKIN, Yves; LEEDS-HURWITZ, Wendy. *Erving Goffman*. Londres: Peter Lang, 2013.

WINKIN, Yves. *A nova comunicação*. Campinas: Papirus, 1998.

WINKIN, Yves. Apresentação. In: ___ (Org.) *Os momentos e seus homens*. Lisboa: D'Água, 1999.

YTREBERG, E. Erving Goffman as a theorist of the mass media. *Critical Studies in Media Communication*, vol. 4, n. 19, 2002, p. 481-497.

Epígrafes

BENEDICT, Ruth. *Padrões de cultura*. Petrópolis: Vozes, 2013.

BOURDIEU, Pierre. Erving Goffman, descobridor do infinitamente pequeno. In: GASTALDO,

Edison. (Org.). *Erving Goffman, desbravador do cotidiano.* Porto Alegre: Tomo Editorial, 2004.

CÉSAR, Ana Cristina. *Inéditos e dispersos.* São Paulo: Ática, 1998.

DOYLE, Arthur C. As aventuras de Sherlock Holmes. In: _____. *Sherlock Holmes.* Rio de Janeiro: Harper Collins, 2019.

HAROCHE, Claudine. *A condição sensível.* Rio de Janeiro: ContraCapa, 2010.

HILST, Hilda. *Roteiro do silêncio.* São Paulo: Anhambi, 1959.

KRISTEVA, Julia. *Introdução à Semanálise.* São Paulo: Perspectiva, 2005.

MARX, Karl. *O 18 Brumário de Luís Bonaparte.* São Paulo: Centauro, 2003.

SHAKESPEARE, William. Como gostais. In: _____. *Comédias.* São Paulo: Melhoramentos, 1955.

WOOLF, Virgínia. *Um esboço do passado.* São Paulo: Nós, 2020.

COLEÇÃO 10 LIÇÕES

- *10 lições sobre Kant*
  Flamarion Tavares Leite
- *10 lições sobre Marx*
  Fernando Magalhães
- *10 lições sobre Maquiavel*
  Vinícius Soares de Campos Barros
- *10 lições sobre Bodin*
  Alberto Ribeiro G. de Barros
- *10 lições sobre Hegel*
  Deyve Redyson
- *10 lições sobre Schopenhauer*
  Fernando J.S. Monteiro
- *10 lições sobre Santo Agostinho*
  Marcos Roberto Nunes Costa
- *10 lições sobre Foucault*
  André Constantino Yazbek
- *10 lições sobre Rousseau*
  Rômulo de Araújo Lima
- *10 lições sobre Hannah Arendt*
  Luciano Oliveira
- *10 lições sobre Hume*
  Marconi Pequeno
- *10 lições sobre Carl Schmitt*
  Agassiz Almeida Filho
- *10 lições sobre Hobbes*
  Fernando Magalhães
- *10 lições sobre Heidegger*
  Roberto S. Kahlmeyer-Mertens
- *10 lições sobre Walter Benjamin*
  Renato Franco
- *10 lições sobre Adorno*
  Antonio Zuin, Bruno Pucci e Luiz Nabuco Lastoria
- *10 lições sobre Leibniz*
  André Chagas
- *10 lições sobre Max Weber*
  Luciano Albino
- *10 lições sobre Bobbio*
  Giuseppe Tosi

- *10 lições sobre Luhmann*
  Artur Stamford da Silva
- *10 lições sobre Fichte*
  Danilo Vaz-Curado R.M. Costa
- *10 lições sobre Gadamer*
  Roberto S. Kahlmeyer-Mertens
- *10 lições sobre Horkheimer*
  Ari Fernando Maia, Divino José da Silva e Sinésio Ferraz Bueno
- *10 lições sobre Wittgenstein*
  Gerson Francisco de Arruda Júnior
- *10 lições sobre Nietzsche*
  João Evangelista Tude de Melo Neto
- *10 lições sobre Pascal*
  Ricardo Vinícius Ibañez Mantovani
- *10 lições sobre Sloterdijk*
  Paulo Ghiraldelli Júnior
- *10 lições sobre Bourdieu*
  José Marciano Monteiro
- *10 lições sobre Merleau-Ponty*
  Iraquitan de Oliveira Caminha
- *10 lições sobre Rawls*
  Newton de Oliveira Lima
- *10 lições sobre Sócrates*
  Paulo Ghiraldelli Júnior
- *10 lições sobre Scheler*
  Roberto S. Kahlmeyer-Mertens
- *10 lições sobre Kierkegaard*
  Jonas Roos
- *10 lições sobre Goffman*
  Luís Mauro Sá Martino

LEIA TAMBÉM:

Coleção Chaves de Leitura
Coordenador: Robinson dos Santos

A Coleção se propõe a oferecer "chaves de leitura" às principais obras filosóficas de todos os tempos, da Antiguidade Grega à Era Moderna e aos contemporâneos. Ela se distingue do padrão de outras introduções por ter em perspectiva a exposição clara e sucinta das ideias-chave, dos principais temas presentes na obra e dos argumentos desenvolvidos pelo autor. Ao mesmo tempo, não abre mão do contexto histórico e da herança filosófica que lhe é pertinente. As obras da Coleção Chaves de Leitura não pressupõem um conhecimento filosófico prévio, atendendo, dessa forma, perfeitamente ao estudante de graduação e ao leitor interessado em conhecer e estudar os grandes clássicos da Filosofia.

Coleção Chaves de Leitura:

- *Fundamentação da metafísica dos costumes – Uma chave de leitura*
  Sally Sedgwick

- *Fenomenologia do espírito – Uma chave de leitura*
  Ralf Ludwig

- *O príncipe – Uma chave de leitura*
  Miguel Vatter

- *Assim falava Zaratustra – Uma chave de leitura*
  Rüdiger Schmidt e Cord Spreckelsen

- *A república – Uma chave de leitura*
  Nickolas Pappas

- *Ser e tempo – Uma chave de leitura*
  Paul Gorner

LEIA TAMBÉM:

Ser livre com Sartre
Frédéric Allouche

O existencialismo de Sartre é parte de um projeto de vida: descobrir-se livre e transformar a própria vida; superar as condições sociais, religiosas ou pessoais que nos entravam; identificar o funcionamento conflitante de nossos relacionamentos com os outros para nos superar; lembrar-se que pensar é ter a liberdade de *escolher*. Em todos os momentos a filosofia de Sartre atua como um estímulo que nos obriga a agir, sem desculpas válidas. Não é complacente porque proíbe pequenos arranjos consigo mesmo, proscreve álibis de todos os tipos e estratégias de escape que às vezes dão boa consciência.

Mas, confrontar-se com a realidade é oferecer a si mesmo a oportunidade de finalmente viver em harmonia consigo mesmo, provar a alegria de ser autêntico.

Esse livro não é um livro apenas para ser lido, mas também para ser posto em prática. Questões concretas a respeito de nossa vida acompanham as teses apresentadas em cada capítulo. Não o leia passivamente, mas arregace as mangas para questionar sua vida e obter assim respostas honestas e pertinentes. Com provocações e exercícios concretos, você será incitado a trazer para dentro de sua vida concreta os ensinamentos da filosofia. Da mesma maneira, esforce-se para se apropriar deles e encontrar situações oportunas para praticá-los seriamente.

Você está pronto para começar a viagem? Pode ser que ela o surpreenda, ou pareça, às vezes, árida, ou quem sabe chocante... Você está preparado para se sentir desestabilizado, arremessado em uma nova maneira de pensar e, portanto, de viver? Essa viagem através das ideias de um filósofo do século XX o transportará também para o fundo de você mesmo. Então, deixe-se guiar ao longo destas páginas, acompanhando as questões e as ideias apresentadas, para descobrir como o pensamento de Sartre pode mudar sua vida.

Frédéric Allouche é formado em etnologia e em psicologia. É professor de Filosofia no Lycée Charles de Foucauld, em Paris.

CATEQUÉTICO PASTORAL
Catequese – Pastoral
Ensino religioso

CULTURAL
Administração – Antropologia – Biografias
Comunicação – Dinâmicas e Jogos
Ecologia e Meio Ambiente – Educação e Pedagogia
Filosofia – História – Letras e Literatura
Obras de referência – Política – Psicologia
Saúde e Nutrição – Serviço Social e Trabalho
Sociologia

TEOLÓGICO ESPIRITUAL
Biografias – Devocionários – Espiritualidade e Mística
Espiritualidade Mariana – Franciscanismo
Autoconhecimento – Liturgia – Obras de referência
Sagrada Escritura e Livros Apócrifos – Teologia

REVISTAS
Concilium – Estudos Bíblicos
Grande Sinal – REB

PRODUTOS SAZONAIS
Folhinha do Sagrado Coração de Jesus
Calendário de mesa do Sagrado Coração de Jesus
Almanaque Santo Antônio – Agendinha
Diário Vozes – Meditações para o dia a dia
Encontro diário com Deus
Guia Litúrgico

VOZES NOBILIS
Uma linha editorial especial, com importantes autores, alto valor agregado e qualidade superior.

VOZES DE BOLSO
Obras clássicas de Ciências Humanas em formato de bolso.

CADASTRE-SE
www.vozes.com.br

EDITORA VOZES LTDA.
Rua Frei Luís, 100 – Centro – Cep 25689-900 – Petrópolis, RJ
Tel.: (24) 2233-9000 – Fax: (24) 2231-4676 – E-mail: vendas@vozes.com.br

UNIDADES NO BRASIL: Belo Horizonte, MG – Brasília, DF – Campinas, SP – Cuiabá, MT
Curitiba, PR – Fortaleza, CE – Juiz de Fora, MG – Petrópolis, RJ – Recife, PE – São Paulo, SP